Wilhelm Brambach

Hülfsbüchlein für lateinische Rechtschreibung

Verone

Wilhelm Brambach

Hülfsbüchlein für lateinische Rechtschreibung

1st Edition | ISBN: 978-9-92500-041-8

Place of Publication: Nikosia, Cyprus

Erscheinungsjahr: 2015

TP Verone Publishing House Ltd.

Nachdruck des Originals von 1884.

HÜLFSBÜCHLEIN

FÜR

LATEINISCHE RECHTSCHREIBUNG

VON

WILHELM BRAMBACH

DRITTE AUFLAGE

Inhalt.

Vorwort.

Der verehrte Lexikograph, welcher die erste Auflage dieses
Hülfsbüchleins im Philologischen Anzeiger (IV 365) besprochen
hat, glaubte darauf hinweisen zu müssen, dafs ich noch im
Jahre 1869 mich gegen alphabetisch geordnete Hülfsbücher der
lateinischen Orthographie geäufsert habe. In der That war
ich der Meinung, dafs eine richtige Schreibweise des Lateinischen durch Grammatik, Lexikon und durch mündliche Unter-
weisung einzuführen sei. Aber ich hatte dabei nicht berück-
sichtigt, dafs die Amtsthätigkeit unserer praktischen Philo-
logen eine viel zu angestrengte ist, als dafs man von einem
jeden Lehrer des Lateinischen eingehendes Studium der ver-
wickelten orthographischen Streitfragen verlangen könne. Auch
erfordert dieses Studium viele, zum Teil kostspielige littera-
rische Hülfsmittel, die nicht an jedem Gymnasium zu finden
sind. Bekanntlich haben in den letzten Jahren Gymnasiallehrer
selbst kurze Zusammenstellungen der wichtigeren orthographischen Regeln verlangt, und es sind mehrere Arbeiten dieser
Art von Schulmännern veröffentlicht worden. Es ist nicht
unbemerkt geblieben, dafs hierbei meine Schrift über „die
Neugestaltung der lateinischen Orthographie in ihrem Verhältnis zur Schule" öfter benutzt wurde.
Mit Rücksicht auf diese Erfahrungen, und gestützt auf
das Urteil von Schulmännern, habe ich meine frühere An-
sicht über die Zweckmäfsigkeit orthographischer Hülfsbücher
aufgegeben und das Schriftchen verfafst, welches nunmehr in
erneuter Auflage erscheint.
Eine andere Bemerkung des erwähnten Herrn Rezensenten,
dessen gelehrte Beobachtungen ich übrigens mit Dank benutzt

habe, könnte leicht zu Mifsverständnissen führen. Er findet
es auffallend, dafs ich mich in vorliegendem Hülfsbüchlein
meist auf Handschriften und Inschriften, in meiner gröfseren
Arbeit dagegen mehr auf Grammatikerzeugnisse berufen habe.
Darin liegt aber kein Widerspruch. Denn, um die Menge der
Citate abzumindern, habe ich bei jeder passenden Gelegenheit
in der kleineren Schrift auf die gröfsere verwiesen, in welcher
man die Grammatikerzeugnisse ausführlich mitgeteilt und erklärt findet. Ferner enthält der dritte Abschnitt des Buches
über die Neugestaltung der lateinischen Orthographie eine
Zusammenstellung derjenigen inschriftlichen Zeugnisse, welche
meines Erachtens für die Festsetzung einer guten lateinischen
Schreibweise entscheidend sind. Es waren indessen, wie es
scheint, vorsichtige Grammatiker noch darüber im Zweifel, ob
die aufgestellten Regeln auch mit der Schriftstellerüberlieferung
zu vereinbaren seien. Ich habe daher in dem Hülfsbüchlein
auf eine Reihe von Schriftstellertexten verwiesen, welche die
früher aus Grammatikern und Inschriften gewonnenen Resultate
bestätigen. Insofern ist dieses Hülfsbüchlein zugleich eine Er-
gänzung der Schrift über die Neugestaltung der lateinischen
Orthographie. Wenn nicht der Mangel geeigneter Beispiele
zur Anrufung von entlegenen Zeugnissen zwang, habe ich mich
an die Schulschriftsteller gebunden, um dem Lehrer die Prüfung
meiner Angaben so leicht als möglich zu machen.

In der vorliegenden Ausgabe ist die Litteratur seit 1872
benutzt; sie hat, mit wenigen Ausnahmen, Bestätigung meiner
Ansichten gebracht.

(1876). **W. Brambach.**

Seit dem Jahre 1876 sind wieder zahlreiche bestätigende
Zeugnisse zu Tage getreten. Da indessen Umfang und Einrichtung des Hülfsbüchleins nicht geändert werden sollen, so
hat nur eine Auswahl wichtiger epigraphischer Beispiele aus
der neuesten Litteratur Aufnahme und Verwertung in der
dritten Auflage gefunden.

W. B.

Einleitung.

Regeln über die lateinische Orthographie verfolgen ein doppeltes Ziel. Erstens suchen sie den Schriftstellertexten eine angemessene, in der Sprachentwicklung begründete Gestalt zu geben; zweitens stellen sie die Formen für das jetzige Lateinschreiben fest.

I.

Die Lebenszeit der römischen Schriftsteller, welche in unseren Schulen gelesen werden, umfaßt einen Zeitraum von ungefähr zwei Jahrhunderten (etwas mehr, als die Jahre 100 v. Chr.*) bis 100 n. Chr.). Bei dem Beginne dieses Zeitraumes war die lateinische Sprache in einem raschen formalen Fortschritt begriffen, welcher sich in der Textgestalt unserer Schulschriftsteller vielfach kund giebt. Es lassen sich unter den letzteren in Bezug auf ihre Laut- und Schriftbildungen drei Gruppen unterscheiden.

Der ersten, ältesten Gruppe gehören Cicero, Cäsar und Sallustius an. Von diesen hat Sallustius eine ausgeprägte Liebhaberei für althergebrachte Formen, während Cäsar den neu entstehenden Lautbildungen ein aufmerksames Ohr leiht und dieselben durch die Schrift zur Geltung bringt, soweit ihm seine grammatischen Studien das rätlich erscheinen lassen. Eine Mittelstellung nimmt Cicero ein, indem er nicht sowohl seine besonderen Ansichten über richtige Lautierung durchzusetzen sucht, als vielmehr den faktisch zur Geltung gelangten Laut- und Schriftgebrauch annimmt und demselben gegen seine Überzeugung Konzessionen macht.

Eine zweite Gruppe bilden Livius, Vergilius, Horatius, Ovidius. — Livius ist in Laut- und Schriftform kein Neuerer. Er hält sich in der einfachen Erzählung an die vorherrschende

---

*) Mit Rücksicht darauf, daß die Lektüre des Terenz leider an den deutschen Schulen außer Gebrauch gekommen ist.

Orthographie seiner Zeitgenossen. Aber, wie sein ganzer Sinn
der Vergangenheit zugewendet ist, so versteht er es auch, seinen
Berichten über ehrwürdige und wichtige Staats- und Kultus-
gegenstände eine altertümliche Färbung in gewählten Wort-
und Lautformen zu geben. Ihm ist in dieser Beziehung Vergilius vergleichbar. Dagegen Horatius und Ovidius, die
ihre Aufmerksamkeit gerne dem frischen Leben der Gegenwart
zuwenden, bedienen sich lieber der neu aufkommenden Sprech-
weise. Horatius stellt sich sogar in einen theoretischen Gegen-
satz zu den veralteten Dichtungen der Vorzeit.

Der dritten Gruppe gehören Quintilianus, Curtius und
Tacitus an. Sie schrieben in einer Zeit, in welcher sich die
seit Cäsar angebahnten Neuerungen gröfstenteils Geltung ver-
schafft hatten und ohne Bedenken in der Schrift gebraucht
wurden.

Vereinzelt stehen da Cornelius Nepos und Phädrus,
deren Schriften in einer solchen Gestalt überliefert sind, dafs
über die ursprüngliche Textbeschaffenheit kein sicheres Urteil
aufgestellt werden kann. Man wird sich begnügen müssen,
fehlerhafte Schreibweisen aus ihren Texten zu entfernen, ohne
den letzteren die orthographischen Eigentümlichkeiten einer
bestimmten Zeit zu verleihen. Dagegen lassen sich die Texte
der übrigen Schulschriftsteller in der Weise behandeln, dafs
die beiden ersten Gruppen der Sprech- und Schreibart des
alten Lateins, welches bis zur neronischen Zeit herrschte, an-
gepafst werden, während die dritte Gruppe dem jungen Latein
in seiner höchsten Formvollendung angehört.

Übrigens ist nicht anzunehmen, dafs die alten Schriftsteller eine sorgfältige orthographische Redaktion ihrer Handschriften vorgenommen haben. Soviel wir aus den erhaltenen
Originalurkunden schliefsen können, hat man sich im Altertume nicht gescheut, richtige Doppelbildungen, wenn sie
gleichzeitig der lebendigen Sprache angehörten, in demselben
Schriftstücke unterschiedlos neben einander zu gebrauchen.
Und eine einseitige Auslese gewisser, streng durchzuführender
Laut- oder Schreibformen würde in den Augen der Schriftsteller wohl ein obskurer Fleifs gewesen sein. Andererseits
waren sie aber auch weit davon entfernt, zwecklos jüngere
und veraltete Formen neben einander anzuwenden; erst die
Geschmacklosigkeit des zweiten Jahrhunderts n. Chr. hat diese
Unsitte aufgebracht.

II.

Für das moderne Lateinschreiben, sowie als Norm für die
Schulgrammatik empfiehlt sich am meisten die Lautstufe und

der Schriftgebrauch des jungen Lateins in seiner höchsten
Formvollendung (von Nero bis Hadrian). Denn erstens ist
unsere lateinische Formenlehre schon von den alten Grammatikern in der That auf diese Lautstufe und auf diesen Schriftgebrauch begründet worden. Auch die neueren Grammatiker
sind, zum Teil unwissentlich, fast alle von dieser Entwicke-
lungsstufe des Lateinischen ausgegangen. Es wäre ein unnützer
und, in Rücksicht auf die verhältnismäfsige Geringfügigkeit
des Gegenstandes, viel zu mühevoller Versuch, wenn wir jetzt
eine andere Sprachperiode als die mustergültige aufstellen
wollten. Zweitens kennen wir keine frühere Sprachperiode in
formaler Beziehung so genau, wie die mit Nero beginnende.
Eine spätere aber als mustergültig aufstellen zu wollen, wäre
selbstverständlich nicht geraten. Drittens stellt die Sprach-
gestaltung von Nero bis Hadrian wirklich eine vollendete
lautliche Ausbildung des Lateinischen dar.

Die wesentlichsten allgemeinen Regeln der lateinischen
Orthographie sind im folgenden so dargestellt, dafs die mustergültige Sprachperiode zur Grundlage genommen ist. Daneben
sind diejenigen Abweichungen des alten Lateins, welche dem
Schüler bei der Lektüre der Schriftsteller bekannt sein sollen,
angegeben.

Den Hauptinhalt des vorliegenden Schulbüchleins bildet
ein Wörterverzeichnis, in welchem die für schriftliche Schul-
arbeiten und Lektüre zumeist erforderlichen orthographischen
Einzelregeln alphabetisch zusammengestellt sind. Es ist dabei
nach Möglichkeit dem praktischen Bedürfnisse Rechnung ge-
tragen. Namentlich sind Verweisungen auf gröfsere gramma-
tische Werke, soweit es thunlich war, vermieden, weil selbst
die Lehrer oft nicht in der Lage sind, solchen Verweisungen
nachzugehen. Dagegen sind Belegstellen aus den Schulautoren
angegeben. Indem so der Leser auf die ihm zugängliche
Quelle verwiesen wird, ist ihm die Möglichkeit geboten, orthographische Beobachtungen zu verfolgen und dadurch lebendig
zu erhalten.

Abkürzungen.

Br. = Die Neugestaltung der lateinischen Orthographie in ihrem Verhältnis zur Schule von Wilhelm Brambach, Leipzig (Teubner) 1868.

cod. Vat. Verrin. = codex Vaticanus der Ciceronischen Reden gegen Verres (Cicero ed. Baiter, Halm. Zürich 1854 vol. II 1 p. 133 ff., 446 ff. Mai, class. auct. II p. 390 ff.).

cod. Veron. Livii = T. Livii ab urbe condita lib. III—VI quae supersunt in codice Veronensi (ed. Mommsen in den Abhandlungen der Berliner Akademie 1868; phil.-hist. Kl. S. 31).

C. I. L. = Corpus inscriptionum Latinarum.

C. I. Rh. = Corpus inscriptionum Rhenanarum.

Fl. = Fünfzig Artikel aus einem Hülfsbüchlein für lateinische Rechtschreibung von Alfred Fleckeisen, Leipzig (Druck von Teubner) 1861.

Henzen Scavi = Scavi nel bosco sacro dei fratelli Arvali . . . relazione publ. da Guglielmo Henzen. Roma 1868.*)

Mon. Anc. = Monumentum Ancyranum, C. I. L. III p. 769—799.**)

Neue, Lat. Formenlehre I. II. = Formenlehre der lateinischen Sprache von F. Neue. I. 1866. II. 2. A. Berlin (Calvary & Co.) 1875.

Or. = Orelli (inscriptionum lat. collectio).

Neue Ausgaben.

F. Ritschl, Tesserae s. Opuscula IV (p. 572). Leipzig, B. G. Teubner, 1878.

W. Schmitz, Beiträge zur lateinischen Sprach- und Literaturkunde, daselbst 1877 (enthalten die im Wörterverzeichnis einzeln erwähnten Abhandlungen).

---

*) Dieses Werk enthält eine Reihe von Inschriften, welche den 3. Abschnitt meines Buches über die „Neugestaltung der lat. Orthographie" S. 307 ff. zu ergänzen und zu bestätigen geeignet sind.
Die Acta collegii fratrum Arvalium s. C. I. L. VI p. 459—590. Berlin (G. Reimer) 1876.
**) Während des Druckes erschien: Res gestae divi Augusti iterum ed. Th. Mommsen. Berlin (Weidmann) 1883.

Allgemeine Regeln der Rechtschreibung.

A. Über die Schrift.

§ 1. Über das Wesen der lateinischen Schrift.

Die Schrift der Römer war phonetisch (lautgerecht). Das heifst: Die in der lebendigen Aussprache tönenden Laute wurden durch die Schrift bezeichnet; wenn sich einzelne Laute in der Aussprache veränderten oder verloren, so änderte sich demgemäfs auch die Schrift, die verlorenen Laute wurden nicht mehr verzeichnet.

Der phonetischen Schrift ist entgegengesetzt die etymologische. Eine etymologische Schrift entsteht, wenn diejenigen Laute, welche ursprünglich in einem Worte vorhanden waren, auch noch geschrieben werden, nachdem in der lebendigen Aussprache eine Veränderung oder Verminderung derselben eingetreten ist. Von dieser letzteren Art ist die französische und englische Schrift.

§ 2. Das lateinische Alphabet.

Seit der Zeit des Augustus benutzten die Römer folgendes Alphabet: A B C D E F G H I K L M N O P Q R S T V X Y Z. Die beiden Buchstaben I und V bezeichneten sowohl einen vokalischen wie einen konsonantischen Laut, nämlich *i* und *Jod*, *u* und weiches *w*. Das Zeichen J für *Jod* ist dem Altertum fremd. Neben der eckigen Form V kam aber schon im Altertume, bei dem Schreiben auf ·Papyrus oder Pergament, in aufgemalten, eingeritzten und nur sehr selten auch in gemeifselten Inschriften, eine gerundete Nebenform U in Gebrauch. Diese Nebenform bezeichnete ebenfalls sowohl den vokalischen, wie den konsonantischen Laut. Die Buchstaben Y Z gehören den Fremdwörtern, vorzugsweise griechischen, an.

Das lateinische Alphabet geht zunächst auf ein griechisches zurück.
An 6. Stelle stand Z, welches aber fast gar nicht gebraucht wurde und
im 3. Jahrh. v. Chr. verschwand. An seine Stelle trat das ursprünglich
nicht vorhandene G, dessen Figur aus C entstanden ist. Das Bedürfnis,
griechische Worte genau zu schreiben, führte gegen Ende der Republik
zur Aufnahme des Y und zur Wiederaufnahme des Z. Diese Buchstaben
traten deshalb an den Schlufs des Alphabets.

In den modernen Formen des lateinischen Alphabets werden I, i und J, j, U, u und V, v unterschieden. Da aber
die Figur J nicht aus dem Altertume stammt, so ist sie in
neuester Zeit aus den Texten der lateinischen Autoren meistens entfernt worden. Ebenso ist die Minuskelform *j* in
lateinischen Schriftstücken zu vermeiden. Andererseits ist der
Gebrauch weit verbreitet, *u* als Vokalzeichen, *v* als Konso-
nantenzeichen zu schreiben. V gilt dagegen für Vokal und
Konsonant, während die Form U weniger üblich ist. Wir
halten uns an den vorwiegenden Gebrauch, und im folgenden
bezeichnet also I oder i sowohl den Vokal *i* als das konso-
nantische *Jod*. V bezeichnet den Vokal *u* und weiches *w*; u
ist nur vokalisch, v nur konsonantisch.

B. Regeln, welche sich der Lautlehre entnehmen lassen.

§ 3. Das Zusammentreffen zweier I.

Im Altertume wurde II geschrieben 1) wenn zwei rein
vokalische *i*-Laute zusammenstiefsen, 2) zuweilen um einen
halbvokalischen Laut $= \widehat{ij}$ zu bezeichnen, 3) wenn ein konsonantisches *i* einem vokalischen voranging $= ji$.

1. Zwei rein vokalische *i*-Laute stofsen zusammen:
   a) im Genetivus singularis der II. Deklination.
      Siehe § 14 n. 2.
   b) im Dativus und Ablativus pluralis der I., im Nomina-
      tivus, Dativus und Ablativus pl. der II. Deklination.
      Siehe § 13. 14 n. 3.
   c) im Perfectum und in den abgeleiteten Formen,
      wenn ein *v* zwischen zwei *i*-Lauten ausgefallen ist,
      — *ii* $=$ *ivi*.
      Siehe § 19 n. II.

2. Ein halbvokalischer Laut $\widehat{ij}$ entsteht, wenn *i* zwischen
zwei Vokale tritt, ohne eine eigene Silbe zu bilden, also
vorwiegend Konsonant ist. So liefs man in A i a x $=$ *Ajax* ein

wenig den vokalischen Laut mitklingen und sprach: $A\widehat{ij}ax$.
Letzteres wurde auch in der Schrift, aber nicht regelmäfsig,
bezeichnet durch doppeltes I: AIIAX. Beispiele derselben
Art sind: AIIO, GAIIVS, GRAIIVS, *is* EIIVS, MAIIA,
MAIIOR, PEIIOR, POMPEIIVS, TROIIA, VVLTEIIVS. Es ist
überliefert, dafs Cicero AIIAX, AIIO, MAIIA schrieb. Da
aber diese Schreibweise nicht allgemein üblich wurde, so
halten wir uns an den vorherrschenden Gebrauch des
Altertums und schreiben nur ein I: Aiax, aio, Gaius,
Graius, eius, Maia, maior, peior, Pompeius, Troia,
Vulteius.

Statt II diente mitunter auch ein verlängertes I (I = *i longa*), ein
Zeichen, welches ursprünglich dem naturlangen *i-Vokal* angehörte. Hier-
über, wie über II, siehe *Br.* 23. 184—188. Auch in den ciceronischen
Handschriften findet sich die gewöhnliche Schreibart mit einfachem I,
z. B. eius, maior im *Vat. Verr. de re p.* u. a. vgl. Ribbeck prol. in
Verg. p. 426.

3. Konsonantisches *i* kann vor vokalisches *i* = *ji* treten
in den Compositis des Verbums iacio. Siehe § 20 n. II.

§ 4. Das Zusammentreffen zweier V.

VV wurde im Altertum geschrieben 1) wenn zwei vokalische *u*-Laute zusammentrafen, 2) wenn ein vokalisches *u*
auf ein konsonantisches *v* folgte = *vu*, 3) wenn ein vokalisches *u* einem konsonantischen *v* vorausging = *uv*.

VV in der Bedeutung von *uu* und *vu* ist vor der Lebenszeit des Augustus nicht üblich gewesen, sondern dafür wurde
die ältere Lautverbindung VO = *uo* und *vo* angewendet.
Cicero schrieb INGENVOS, SERVOS (*ingenuos, servos*) für
den Nominativ des Singularis. Nachdem die jüngere Form VV
seit der Zeit des Augustus in Gebrauch gekommen war, fand
sie während der zweiten Hälfte des ersten Jahrhunderts n. Chr. auch Aufnahme in die Schulgrammatik.
Wir folgen der Schulgrammatik dieser Zeit und schreiben:

aedituus	avus	vulgus	acuunt
exiguus	cervus	vulnus	metuunt
ingenuus	servus	vulpes	statuunt
perpetuus	vivus	vultur	tribuunt
mortuus	ovum	vultus	vivunt u. s. f.

1*

VV in der Bedeutung *uv*, z. B. uva, iuvo, iuventus, ist ge-
wifs älter, als *vu*, *uu*, und unterliegt in Bezug auf seine Ver-
wendung in der Schrift keinem Bedenken.

Über die ältere Lautverbindung VO, welche sich auch noch in der
späteren Kaiserzeit findet, und über die Entwicklung von VV (*uu*, *vu*,
uv) siehe *Br.* 87—101. VV wurde nicht selten dadurch vermieden, dafs
ein Laut sich verlor, z. B. INGENVS = *ingenuus*, VIVS = *vivus*,
IVENTVS = *iuventus. Br.* 90 f. 94. Auf dieser Erscheinung beruht
das bekannte dius = divus (sub dio).

Über quu siehe § 6 n. II.

§ 5. Diphthonge.

1. Unter den Diphthongen sind *ae* und *oe* der Verwechselung mit *e* ausgesetzt; vgl. die Worte caelum, glaeba, oboedio.

ae wird in Inschriften bereits seit dem ersten Jahrhundert n. Chr.
mit *e* verwechselt, und es ist oft schwer, die richtige Schreibart zu
finden, da schon die ältesten Handschriften hierin durchaus unzuverlässig
und fehlerhaft sind. Vgl. im alphabetischen Verzeichnis caepe, faeles, glaeba, volaemus. Nur wo ein zweifelhaftes Wort durch gut
abgefafste Inschriften beglaubigt ist, können wir uns vollkommen
sicher für *ae* oder *e* entscheiden. Die Verwechselung von *oe* und *e* ist
aus der plebejischen Sprache in das mittelalterliche Latein übergegangen
und hat auf die Handschriften ebenfalls verschlechternd eingewirkt. Da
im Mittelalter *ae* und *oe* mit *e* verwechselt wurde, so verwischte sich
auch der Unterschied zwischen *ae* und *oe* selbst (*Br.* 204—207. C. I.
L. III p. 919).

2. In griechischen Worten wird ει vor einem Vokal von
den Römern sowohl durch e, als durch i bezeichnet. Den
Diphthongen ei verwendeten sie nicht. Die Bezeichnung durch
e ist älter und gehört noch der ciceronischen und augusteischen Zeit an; im ersten Jahrhundert der Kaiserzeit kommt
aber i = ει schon öfter vor. Eine allgemein giltige Regel
läfst sich nicht für alle Vokabeln aufstellen, wir müssen uns
vielmehr in den einzelnen Fällen nach der handschriftlichen
oder inschriftlichen Überlieferung richten. Siehe im alphabetischen Verzeichnisse: Alexandrea, Antiochea, Areopagita, Areus pagus, Augeas, Dareus, Decelea, elegea,
Heraclea, Pythagoreus, Seleucea, Thalia.

Vor Konsonanten wird ει gewöhnlich zu i; z. B. in den
Patronymika, wie Atrides, vgl. unten: cheragra, Hilotae,
idyllium, Polycletus.

Die ältere Form mit e erhielt sich in Aeneas (Αἰνείας); i ist in
Academia (Ἀκαδήμεια) herrschend geworden. In den meisten Wörtern
dagegen, namentlich in den Adjektiven auf ειος und den Städtenamen
auf εια, trat ein Schwanken ein, sodafs Priscian sowohl e als i gelten

lassen mufste. Beispiele bieten Zumpt zu den Verrin. II 2, 21, 51.
Madvig zu Cic. de fin. V 19, 54. Ellendt zu Cic. de or. I 21, 98 (I
p. 67 f.). Osann zu Cic. de re p. 466—468. Fleckeisen Philol. IV 335 f.
Ribbeck prol. in Verg. p. 415. 417 f. vgl. Keller, Jahrb. f. Phil. 103 S. 759.

§ 6. Gutturale Konsonanten.

I. C als Zischlaut.

C vor I mit folgendem Vokal ist seit dem Anfang des
Mittelalters oder frühestens seit dem letzten Jahrhundert des
römischen Reiches zischend ausgesprochen worden. Ebenso
ist T vor I mit folgendem Vokal um dieselbe Zeit, oder etwas
früher, in einen Zischlaut übergegangen. Seit man z. B. *cia*
und *tia* ähnlich sprach (*zia*), verwechselte man *ci* und *ti* in
der Schrift, und so ist eine grofse Verwirrung in den mittel-
alterlichen Handschriften entstanden. Die echten Schreibarten
können wir nur den ältesten Handschriften und den Inschriften entnehmen.

ti vor Vokal wurde im afrikanischen Dialekte schon seit dem 3. Jahrhundert mit *ci* verwechselt. Siehe L. Müller de re m. p. 262. Im übrigen Abendlande kann die Verwechselung erst ein Jahrhundert später
eingetreten sein (*Br.* 215—219).

Beispiele: condicio, contio, nuntio, otium, solacium u. a.
Hierher gehört die ganze Klasse der Adjektive auf -icius, die
man seit dem Verfall des römischen Reiches erst mit *t* (*itius*)
zu schreiben anfing.

II. QV vor V.

QV vor folgendem *u*-Laut kommt in der Zeit der römischen Republik nicht vor. Cicero schrieb QVOM, CVM,
QVOI (*cui*), EQVOS (*equus*) u. dergl. Als aber VV == *vu*
sich gebildet hatte, kam auch QVV in Gebrauch, und wir
schreiben daher, wie die Schulgrammatik der römischen Kaiserzeit uns vorschreibt:

antiquus	pedisequus	loquuntur
iniquus	equus	sequuntur u. s. f.

Br. 95. 229 ff. vgl. oben § 4. Die ciceronischen Handschriften haben
noch zahlreiche Reste der Schreibart QVOM u. s. f.

Aber bevor die Lautverbindung QVV (*quu*) ermöglicht
wurde, hatten sich schon in einigen Fällen aus der älteren
Form QVO zwei neue gebildet. Das Q konnte in C übergehen und aus dem VO entstand entweder durch Verschlei-

fung einfaches V oder durch Ausfall einfaches O. Auf diese Weise erklären sich folgende Bildungen:

cum, alt quom; wurde nicht quum geschrieben.

cotidie, geschärft **cottidie** (*quoto-die*); nicht quotidie zu schreiben.

Wie cum aus quom, so ist auch die Endung cus aus quos in Substantiven und Adjektiven entstanden, z. B. accus, statt aequus, cocus, statt coquus, aus aequos, coquos (vgl. S. 19). Diese Endung, welche sich in Handschriften häufig findet, ist zwar an sich richtig, aber von der Schulgrammatik der Kaiserzeit nicht angenommen. Wir vermeiden sie deshalb. Ebenso die Verbalformen secuntur, locuntur, statt sequuntur, loquuntur, aus sequontur, loquontur. *Br.* 232—237.

§ 7. Labiale Konsonanten.

I. B vor S und T.

Vor S und T wurde B härter ausgesprochen und .klang wie P. In vielen Fällen hat auch die Schrift diesen härteren Klang dargestellt und, statt eines ursprünglichen B, das lautlich eingetretene P eingesetzt. Die Schulgrammatik hat hierüber folgende Regeln aufzustellen:

1) B wird vor S geschrieben in Substantiven, deren Genetiv auf — bis ausgeht, z. B. urbs, nicht urps, plebs, nicht pleps.

2) B wird vor S und T geschrieben in Präpositionen: ab (abs, absque), ob, sub; z. B. absorbeo, obses, obsto, obtineo, subsequor u. s. f., nicht aps, opt. Nur in subter, supter sind beide Schreibarten gestattet, jedoch ist die erste korrekter.

3) P wird vor S und T geschrieben in der Konjugation des Zeitwortes; z. B. scribo, scripsi, scriptum, nicht scribsi; absorpsi, nupsi, nuptum u. s. f.

Im Altertume hat sich der Schriftgebrauch nicht immer an diese Regeln gehalten; wir finden häufig in Inschriften Formen wie PLEPS, OPSIDIO, OPTINEO, SCRIBTVS u. s. f. *Br.* 241—248.

II. P zwischen M und S, M und T.

Wenn M und S, M und T zusammenstofsen, so schiebt sich nach dem M ein *p*-Laut ein. Das ist physiologisch zu erklären: er entsteht beim Öffnen der für den *m*-Laut geschlossenen Lippen und vermittelt den Übergang zu S oder T. Demgemäfs wird in den Verbis, deren Stamm auf M aus-

geht, vor den Endungen si, tum u. s. f. ein P geschrieben.
Z. B. demo, dempsi, demptum; emo, emptum; sumo, sumpsi,
sumptum u. s. f. Diese Schreibweise ist für das Verbum
allgemein giltig. Dagegen im Substantivum hiems wurde das
P von den Schulgrammatikern meistens verworfen.

Br. 248—250. HIEMPS läfst sich auch mit Beispielen belegen
(*daselbst* 249).

§ 8. Dentale Konsonanten.

Am Ende eines Wortes klangen die beiden dentalen Konsonanten D, T oft so ähnlich, dafs sie nicht unterschieden
werden konnten. Daher trat in der Schrift eine häufige Verwechselung zwischen D und T ein. Als vorwiegend giltige
Regeln sind zu merken:

1) Die Verbalendungen haben T, z. B. inquit, reliquit,
   nicht inquid u. s. f.
2) Die Pronominalendungen haben D, z. B. illud (wie
   aliud) und quod, quid, id, zum Unterschiede von den
   Verbis quit, it und vom allgemeinen Zahlwort quot.
3) Die Präpositionen haben D (ad, apud), die Kon-
   junktionen T (at, aut, et, ut). Von den letzteren
   ist ausgenommen sed.

Das Adverbium haud hat die Nebenformen haut und
vor Konsonanten nicht selten hau.

Br. 251—254. Der Schriftgebrauch der Alten weicht von diesen
Regeln häufig ab. Am sichersten ist die erste Regel, obgleich auch
Formen wie INQVID u. dgl. vorkommen. Häufiger finden sich Prono-
minalformen QVOT, QVIT und als Zahladjektiv QVOD, sogar QVOD-
ANNIS = quotannis. Ebenso wird die Präposition und Konjunktion
AT = ad und at oft nicht unterschieden; SET = sed ist aufserordent-
lich häufig, sowohl in alten als in jüngeren Schriftstücken. Ferner
findet sich APVT, ILLVT, ISTVT u. a.

§ 9. Flüssige und nasale Konsonanten.

I. Verdoppelung des L.

Nach langem Vokal wird L häufig geschärft. Es entsteht dadurch eine Schwankung in der Schrift zwischen L
und LL. Siehe unten im alphabetischen Verzeichnisse die
Worte: querela, Messalla, Paullus, paulus, Pollio, mille,
vilicus.

Br. 257—263.

II. M vor dentalen und gutturalen Konsonanten.

In Zusammensetzungen geht M vor dentalen Konsonanten regelmäfsig, vor gutturalen häufig in N über.

1) vor Dentalen: idem eundem, eorundem; quidam quendam; (tam) tantus; (quam) quantus; tantundem, identidem.

2) vor Gutturalen: Siehe unten im alphabetischen Verzeichnisse: cumque, quicumque; nunquam, numquam; quanquam; uterque, utrumque u. dgl.

Br. 263—266.

III. N vor S.

Zwischen S und vorhergehendem langen Vokale klang ein N nur schwach als Nasenlaut. Es fiel daher häufig in der Schrift aus. Dagegen wurde es auch nicht selten geschrieben, selbst an solchen Stellen, wo der Stamm des Wortes ursprünglich kein N hatte. Vgl. unten im alphabetischen Verzeichnisse die Worte: formosus, vicesimus, semestris, Chersonesus, Peloponnesus.

Br. 266—272.

§ 10. Der Zischlaut S.

Nach langem Vokal oder Diphthongen wurde S zur Zeit des Cicero, Augustus und der nächstfolgenden Kaiser in einigen Wörtern geschärft und demgemäfs öfter doppelt geschrieben. Solche Wörter sind: causa CAVSSA, incuso INCVSSO, casus CASSVS, divisio DIVISSIO. Die Schulgrammatik hat in diesen Fällen nur ein S angenommen.

Br. 273—276. In den Wörtern casus und divisio läfst sich bei Verdoppelung des S das erste auf ein stammhaftes D zurückführen: CAD-SVS, DIVID-SIO.

§ 11. X vor S.

Da X mit einem *s*-Laut schliefst, so war ein auf X folgendes S in der Aussprache nicht besonders vernehmbar. In der Schrift blieb daher häufig S nach X weg, z. B. exto = exsto. Die Schulgrammatik verlangt dagegen schon im Altertume, dafs ein solches S nach X geschrieben werde. Siehe unten im alphabetischen Verzeichnisse: exsanguis ff.

Br. 277—280. An sich hat es kein Bedenken, XS zu schreiben; denn der *s*-Laut wurde in einfachem X oft noch besonders durch zugesetztes S bezeichnet, z. B. SAXSVM = saxum.

§ 12. Die Aspiration.

I. H vor Vokalen.

Schon in der republikanischen Zeit klang H vor Vokalen im Anfange mehrerer Wörter so schwach, dafs es in der Schrift nicht ausgedrückt wurde. Die Abschwächung des Hauchlautes erstreckte sich in der Kaiserzeit nach und nach auf viele Beispiele. Auch im Inlaute trat die Abschwächung des H ein (*siehe unten*: aeneus, cohors, prehendo, vehemens und die Vokabeln unter H).

Br. 283—287. In der späteren Kaiserzeit finden sich Verwechselungen von aspirierten und nicht aspirierten Silben, z. B. ABEO = habeo und HABEO = abeo (abire).

II. Aspirierte Konsonanten.

Bis in die zweite Hälfte des zweiten Jahrhunderts v. Chr. hatte das Lateinische keine aspirierten Konsonanten. Seitdem wurde P, C, T, R aspiriert und die so entstandene Lautbildung durch PH, CH, TH, RH bezeichnet.

PH ist fast nur auf ausländische Wörter beschränkt, z. B. Philippus; aber auch triumphus.

P wird in griechischen Wörtern von den Römern zuweilen aspiriert, auch wo der attische Dialekt π hat. Siehe: Bosphorus, tropaeum.

CH und TH wird nicht nur in Fremdwörtern, sondern auch in echt lateinischen Wörtern geschrieben (siehe unten: pulcher, Cethegus, Otho; vergleiche: ancora, Cilo, coclea, corona, lacrima, Orcus, sepulcrum; tus).

RH wird in ausländischen Wörtern geschrieben, z. B. rhetor, Rhodus, Rhenus.

Br. 287—294. Die Schreibart RH war in den Fremdwörtern nicht streng durchgeführt; siehe unten: Regium (*Br.* 294).

C. Regeln, welche sich der Flexions- und Wortbildungslehre entnehmen lassen.

Aus der Flexionslehre sind nur solche Regeln hier zusammengestellt, welche unter den Gesichtspunkt der richtigen Anwendung von Schriftzeichen d. h. einzelner Buchstaben oder Buchstabenverbindungen fallen. Die Flexionsendungen an sich gehören nicht hierher.

§ 13. **Aus der ersten Deklination.**

Wörter auf —ia ziehen im Dativus und Ablativus pluralis regelmäfsig —iis nicht in —is zusammen; hier ist also zweifaches I zu schreiben. Z. B. tibiis, nicht tibis; via viis, nicht vis. Vgl. § 3.

Die Zusammenziehung kommt dagegen bei Dichtern, nicht selten auch in Inschriften und Handschriften prosaischen Inhalts vor. *Neue,* Latein. Formenl. I 32.

§ 14. **Aus der zweiten Deklination.**

1. In neulateinischen Schriften und bei Herausgabe der nachaugusteischen Autoren sind die altertümlichen Endungen —vos, vom, uos, uom, quos, quom des Nominativus und Accusativus singularis zu vermeiden. Vgl. § 4.

2. Substantiva auf —ius, —ium haben wir im Genetivus singularis mit ii zu schreiben; z. B. filius filii; imperium imperii; Fabius Fabii. Vor der augusteischen Zeit lautete der Genetiv dieser Substantiva auf ein einfaches I aus.

Bei Herausgabe von alten Texten wird man sich nach der zeitgenössischen Schreibweise der einzelnen Autoren richten dürfen; jedoch ist bei den nachaugusteischen Autoren *ii* in Gattungsnamen vorzuziehen. Die Eigennamen haben einfaches I zäher festgehalten; aber auch in ihnen ist *ii* durch Dichterstellen und Inschriften zu erweisen. *Br.* 188—196. 328—330. C. I. L. III p. 918; unten S. 20. Die Adjektive auf —ius hatten schon vor der augusteischen Zeit —ii im Genetivus.

Wenn der Endung —ius noch ein Vokal vorausgeht, so findet die Zusammenziehung der beiden *i*-Laute gewöhnlich statt und wird von einigen Grammatikern des Altertums angenommen. Wir dürfen also in diesem Falle wählen zwischen zwei Schreibarten:

a) nach dem überwiegenden Gebrauche: einfaches I, z. B. Gaius Gai Gaio; Pompeius Pompei Pompeio;

b) nach der von den Alten festgesetzten Hauptregel: II, z. B. Gaii; Pompeii u. s. f.

Die erste Schreibart (Gai, Pompei) ist besser.

3. Die Wörter auf —ius, —ium haben im Nominativus pluralis —ii, —ia, im Dativus und Ablativus pluralis —iis; z. B. filius *plur.* filii filiis; studia studiis. Geht aber ein Vokal voraus, so ist die Kontraktion der beiden *i*-Laute in einfaches I üblicher; z. B. hi Gaii und besser hi Gai; Gaiis

und besser Gais; ebenso Pompeii, Pompei; Veii, Vei;
Siehe diese Wörter unten im alphabetischen Verzeichnis.
deus hat im Plural dii, diis und di, dis.

Br. 196—198. 137—140. C. 1. L. III p. 918. dei, deis ist altertümlich; dii, diis sind die korrekten Formen der alten Schulgrammatik (z. B.
Liv. III 11, 6. 19, 10. V 32, 9. 43, 7. 51, 3. 52, 17 *cod. Veron.*). di, dis
ist daneben durch Inschriften gesichert (vgl. auch Liv. V 41, 8 VI 6, 6
cod. Veron.).

§ 15. Aus der dritten Deklination.

1. Der Nominativus singularis der *p-* und *b*-Stämme be-
hält vor der Casusendung (*s*) den Stammlaut unverändert bei;
das heifst: B geht nicht in P über. Z. B. trabs, nicht traps.
Vgl. § 7 n. I.

2. Die Stämme auf — ōr, ursprünglich — ōs, haben regelmäfsig den Nominativus singularis auf ŏr; z. B. amor, nicht
die vorklassische Form amos; labor, odor u. s. f.   Neben
honor ist indessen honos häufig.

Neue, Lat. Formenlehre I 166—171. *Br.* 277.

3. Die *e-* oder *i*-Stämme haben zum Teil doppelte No-
minativformen auf es und is.   Korrekt sind die Nominative
des Singularis: aedes und aedis, apes und apis, caedes,
cautes, clades, fames, faeles oder feles, fides und fidis
(Saite), labes, lues, moles, nubes, palumbes, proles,
pubes, rupes, saepes, sedes, strues, suboles, tabes,
vates, vehes, verres, vulpes.

Neue, Lat. Formenlehre I 179 f. 182 f., wo inkorrekte Nominative
auf —*es* beigebracht sind. *Br.* 147—149.

4. Der Accusativus singularis hat ausschliefslich —im in
den Wörtern vis, (amussis) amussim, buris, cucumis, ravis,
rumis, sitis, tussis.   Ebenso haben die Namen italischer
Flüsse auf — is und die griechischen Wörter auf ις, ιν im
lateinischen Accusativ —im; z. B. Tiberim, Lirim, Faba-
rim, basim, ibim, Amphipolim, Neapolim u. s. f.

Neue, Lat. Formenlehre I 198. 207—212. *Br.* 175—179. Auch
Namen aufseritalischer Flüsse erhalten den Accusativ auf —im, z. B.
Albim, Tamesim, Tigrim, Visurgim.

5. Den Ablativus singularis auf —i haben:
   a) die Nomina, welche im Accusativ auf —im ausgehen
      (oben n. 4);
   b) die Neutra auf —e, z. B. mare;

— 12 —

c) die Neutra auf —al, —ar, z. B. tribunal, calcar;
d) die Adjectiva auf —er mit drei Endungen und auf —is;
jedoch die Eigennamen auf —is, z. B. Iuvenalis,
haben —e: Iuvenale, Martiale.

Den Ablativus auf —e und —i lassen zu:

a) die Adjectiva auf —as, wie Arpinas, Ravennas;
b) die Adjectiva einer Endung;
nur —e haben hospes, sospes, pauper, degener,
uber (Adjectiva auf —er ohne Femininform);
c) die Komparative, deren Ablativendung jedoch vorwiegend —e ist;
d) die Participia auf —ns:
dient eine Participialform als Eigenname, so hat sie
nur —e, z. B. Clemens, Clemente; dient sie als
Substantiv, so hat sie vorwiegend —e.

Über die Nomina substantiva auf —is (*gen.* —is), welche
grofsenteils die doppelte Form des Ablativs haben, lassen
sich allgemein giltige Regeln nicht aufstellen.
Br. 158—175. C. I. L. III p. 919. *Neue,* Lat. Formenlehre I 213—250.

6. Der Nominativus pluralis geht regelmäfsig auf —es aus.

Br. 158. Die Nebenform auf —is wurde von der alten Schulgrammatik nicht angenommen. Nur fremde, besonders griechische Namen
lassen im Nominativus pluralis —is zu, z. B. Sardis, Syrtis, Trallis,
Alpis. Vgl. *Neue,* Lat. Formenlehre I 250—255 (*Br.* 157).

7. Über den Accusativus pluralis entnehmen wir den
römischen Schulgrammatikern folgende Regeln:

I. Diejenigen Wörter, welche im Genetivus pluralis —um
haben, endigen im Accusativus auf —es.

II. Diejenigen, welche im Genetivus pluralis —ium haben,
endigen im Accusativus auf —es und —is. Und zwar:

a) Wörter auf —is, die im Genetivus singularis ebenfalls —is haben, bilden den Accusativus pluralis
häufig auf —is; z. B. navis, finis, omnis, dulcis.
b) Wörter auf —er, die im Ablativus singularis —i
haben, endigen den Accusativus pluralis meist auf
—is; z. B. acer acris, imber imbris und imbres,
celer celeris häufiger, als celeres.
c) Die Wörter auf —ns, —rs haben —es und —is;

z. B. fontes und fontis, die Participia und Adjectiva auf —ns, inertes und inertis.

d) Die Wörter auf —as haben meistens den Accusativus pluralis auf — es, auch wenn der Genetivus
auf —ium ausgeht oder ausgehen kann; z. B. civi-
tates.

e) die Wörter auf —x haben meist — es; z. B. arces,
felices.

Einzeln ist zu merken: urbes und urbis; tres und tris;
plures, complures und pluris, compluris.

Br. 149—158. Vgl. Keller „der Accusativus auf is der dritten
Deklination bei den augusteischen Dichtern" im Rhein. Museum XXI
241—246. Die feineren Unterscheidungen Kellers finden wir in den
Prosaikern nicht beobachtet, und unter den Dichtern sind sie besonders
den Horazhandschriften entnommen. Abweichungen davon bieten die
Vergilhandschriften (Ribbeck prol. in Verg. p. 405—413); vgl. über Livius: Mommsen, Abhdl. der Berl. Ak. 1868 S. 166.

§ 16. Aus der vierten Deklination.

Der Dativus und Ablativus pluralis hat die Endung —ibus;
ausgenommen sind: arcubus, artubus, partubus, specu-
bus (neben specibus?), tribubus, verubus, vitubus (neben
vitibus).

Diese Formen sind als korrekt, wenn auch nicht als allein gebräuchlich anzusehen. *Br.* 112—118.

§ 17. Aus der Lehre von den Adjektiven und Zahlwörtern.

I. Die Endung —imus.

Der Superlativ bildete sich seit Cäsars Zeit auf —imus,
ohne dafs die ältere Form —umus gleich zurückgedrängt
worden wäre. Letztere galt in der Kaiserzeit nicht mehr als
schulgerecht. Wir schreiben daher richtig: optimus, maximus, nicht optumus u. s. f.

Br. 107—112. 315. 321.

Ebenso sind die Ordinalzahlen, wie septimus, decimus, vicesimus u. s. f., und Adjectiva, wie finitimus, legitimus nicht mit u in der vorletzten Silbe zu schreiben.

Br. 108. 315. 321. Siehe unten im alphabetischen Verzeichnisse:
decimus.

II. Die Zahladverbia

gehen nach Vorschrift der altlateinischen Grammatik auf —ies

aus, wenn sie von Kardinalzahlen gebildet sind, dagegen auf
— iens, wenn sie von den unbestimmten Zahladjektiven tot,
quot kommen. Also: quinquies, sexies, decies, centies,
millies, aber totiens, quotiens, multotiens u. s. f.

Diese Regel der alten Grammatiker ist übrigens nicht immer befolgt
worden und kann auch für unsere Schreibweise nicht absolut verbindlich
sein. *Br.* 268. f. vgl. *Neue,* Lat. Formenlehre II 171—175.

§ 18. Aus der Lehre von den Pronomina.

I. hic, haec, hoc.

1. Der Nominativus pluralis generis feminini lautet hae.

Daneben gab es bis in den Anfang der Kaiserzeit eine vollere Form
haec. Vgl. n. 2.

2. Nimmt hic die vollere Form auf demonstratives ce
an, so ist zu schreiben: hice, haece, hoce, huiusce, huice,
hunce, hance, hoce, hace, *neutr. plur.* haece. So wenigstens in den Texten der republikanischen Zeit. Es sind das
die ursprünglichen Formen, aus welchen seit dem 3. Jahrhundert v. Chr. erst das gewöhnliche Demonstrativpronomen hic,
haec, hoc, huic, hunc, hanc, durch Abkürzung hervorging.
Da das c in diesem Pronomen der Rest des demonstrativen
ce ist, so kann letzteres eigentlich nicht noch einmal angehängt werden. Aber die Grammatiker der Kaiserzeit fafsten
hic als Grundform und schrieben irrig hicce, haecce, hocce.

Ritschl prooem. ind. lect. Bonn. aest. 1852. p. V. opusc. IV 89. vgl.
Neue, Lat. Formenl. II 203—205. 207. Wird das fragende — ne angehängt,
so entsteht: hicine, haecine, hocine, analog illicine (ille-ce-ne),
isticine, nuncine (num-ce-ne = nunc-ne), tuncine, sicine (si-ce-ne
= sic-ne). Ritschl opusc. II 556. Vgl. *Neue* a. a. O. II 205.

II. is, ea, id, idem.

Der Plural des Pronomens is ist zu deklinieren: ii, eorum,
iis, eos, iis.

Br. 323. vgl. 140 f. Die Pluralformen ei, eis gehören der Republik
an und treten in der früheren Kaiserzeit zurück.

Von idem waren die zusammengezogenen Pluralformen
idem (= *iidem*) und isdem (= *iisdem*) gebräuchlich.

Br. 141. 323. C. I L. III p. 919. *Neue,* Lat. Formenlehre II 194 f.
198 f. vgl. Liv. III 30, 1. 31, 2: idem = *iidem*; und 57, 8. 68, 2. IV
24, 5. XCI p. 3 a: isdem = *iisdem* (*cod. Veron.* u. *Pal.*). Inschriftlich
öfter: isdem consulibus.

§ 19. Aus der Verbalflexion.

I. Die 3. Person des Plural im Präsens

ging in der dritten Konjugation bis zur augusteischen Zeit auf
— ont, — ontur nach vorhergehendem V aus. Seitdem kam
auch hier die Endung — unt in Aufnahme, und wir schreiben
daher vivunt, metuunt, sequuntur, loquuntur. Siehe
oben § 4. 6 n. II.

Dagegen ist zu schreiben locutus, secutus, nicht lo-
quutus, sequutus.

Br. 234 f.

II. Die Perfecta auf — vi mit ihren Ableitungen.

Perfekt, nebst Plusquamperfekt und Futurum exactum, auf
— avi, — evi, — ovi verliert in den Formen, welche — r, — st,
— ss in der Endung haben, bekanntlich oft das V, und die dann
zusammentreffenden Vokale werden kontrahiert. Die Perfecta
auf — ivi mit ihren Ableitungen verlieren ebenfalls häufig
das V, und zwar vor allen Endungen, ohne jedoch regelmäfsig
zu kontrahieren. Für die Orthographie ist hauptsächlich folgendes zu bemerken:

a) Die vollen Formen sind am gebräuchlichsten in der
1. und 3. Person des Singulars und besonders in der 1. Person des Plurals des Perfectum indicativi; also — ivi, — ivit,
— ivimus.

b) Die Ausstofsung des V ist am gebräuchlichsten, wenn
die Endung — r hat; also — ierunt, — ierim, — ieram,
— iero.

c) Die Kontraktion der beiden *i*-Laute tritt gewöhnlich
ein vor st und ss; also — isti(s), — isse, — issem, z. B.
audisti, audisse, audissem.

Ausnahmen: 1. In den Perfecta auf — avi, — evi, — ovi
wird das V regelmäfsig nicht ausgestofsen, wenn es zum
Stamm gehört. Jedoch moveo läfst eine Synkope zu.

2. **peto** und **eo** stofsen auch in der 1. und 3. Person
Singularis perfecti meistens, und **eo** in den Compositis
regelmäfsig, das V aus; also **petii, petiit** neben petivi,
petivit. **ii, iit** neben ivi, ivit. Die Composita von eo
verlieren regelmäfsig das V in allen Endungen, z. B.

adii, adiit, adiimus, adierunt, adieram, adierim, ad-
iero, und Kontraktion tritt häufig ein vor st, ss, z. B. ad-
isti(s), adisse, adissem.

3. —ii und —iit findet sich gewöhnlich in desino, de-
sii, desiit, auch desiimus (kontrahiert desimus).

Zahlreiche Beispiele, welche das leicht erklärliche Schwanken der
Handschriften in diesen Formen darthun, hat *Neue* gesammelt, Lat.
Formenlehre II 486. 510 ff.

III. Das Participium futuri pass. der 3. und 4. Konjugation
geht regelmäfsig auf —endus aus. Die ältere Form —undus
kommt indessen auch in der Kaiserzeit noch oft vor. Nur
—endus ist zu schreiben, wenn ein V vorhergeht. Z. B. me-
tuendus, vivendus, sequendus. Dagegen findet sich
—undus nach vorhergehendem I häufig, z. B. faciundus;
auch hat es sich in einigen juristischen Formeln vorwiegend
erhalten, regelmäfsig in repetundarum.

Br. 106 f. Beispiele bietet *Neue,* Lat. Formenlehre II 452—459.

§ 20. Aus der Verbalkomposition.

I. Zusammensetzung der Verba mit Präpositionen.

Die Schulgrammatik des Altertums stellt das Prinzip auf,
die konsonantisch auslautende Präposition müsse mit konsonantisch anlautendem Verbum so oft assimiliert werden, als
die Natur der zusammentreffenden Konsonanten es gestatte.
Vor Vokalen ändert sich die Präposition nur in wenigen
Fällen. Die hauptsächlichen Veränderungen der Präpositionen sind:

1) **ab** vor Vokalen, i = *j*, h, b, d, l, n, r, s.
    abs vor c, q, t; und mit Ausstofsung des b:
    as vor p; z. B. asporto.
    a vor f in afui (siehe unten *absum*) und vor m, v.
    au vor f in aufero, aufugio.
    ab assimiliert sich also nicht; dadurch wird eine Ver-
wechselung mit den gewöhnlich assimilierten Zusammensetzungen
der Präposition ad vermieden.

2) **ad** vor Vokalen, i = *j*, h, b, d, f, m, n, q, v.
    ac vor c, z. B. accipio; weniger gut vor q.
    ag und ad vor g, z. B. aggero, — are, von agger;
    adgerere; aggredior und adgredior.

a vor gn, sp, sc, st, z. B. agnosco, aspicio, aspiro,
ascendo, asto. Ubrigens kann auch ad hier un-
verkürzt bleiben.

ad und al vor l.

ad, besser als an, vor n.

ap gewöhnlich vor p, seltener ad(p).

ad und ar vor r.

ad und as vor s.

at vor t.

Vor t findet sich auch d, z. B. adtraho Cic. Verr. II 2, 1 § 1 *Vat.*,
adtribuo C. I. L. V. 5050 und sonst.

3) **ante** wird anti in antistare, anticipare. *Br.* 180.

4) **circum** kann sein m verlieren vor eo, ire:
circumeo, circueo und gewöhnlich circuitus, circuitio neben circumitus, circumitio.

Z. B. Liv. IV, 56, 5 circuisse *Veron.* circumisse *Med. s. XI.*
Par. 5725. Leid. I. Über die alte Streitfrage, ob *m* beizubehalten sei,
vgl. *Forcellini* s. v. Cic. de re p. I 29, 45 Osann. Or. 6140.

5) **com** vor b, m, p.
con vor c, d, f, g (*über* gn *s. unten*), i = j, n, q, s, t, v.
con und col vor l; letzteres gewöhnlich in collegium.
cor vor r.
co vor Vokalen und h, ausgenommen comedo (comes,
comitor, comitium, comitiare). Durch Zusammenziehung kann der anlautende Vokal des Zeitwortes verschwinden, z. B. cogo (*co-ago*).
co vor gn und nach Ausfall des g vor einfachem n
in conecto, coniveo, conitor, conubium.

Über **dis, di** und **de** siehe unten im alphabetischen
Verzeichnisse: derigo, dinosco, discribo, dissigno.

6) **ex** vor Vokalen und h, c, p, q, s, t.

Ausgenommen: epotus, epotare, vgl. *Neue, Lat.* Formenlehre II
765 ff.

e vor b, d, g, i = j, l, m, n, r, v.

ef vor f, z. B. efferre. Daneben giebt es in der Republik (Cicero, Sallust) und gemäfs der handschriftlichen Überlieferung noch bei Schriftstellern des
1. Jahrhunderts n. Chr. eine durch Ausfall des
Zischlautes abgeschwächte Form von ex:

ec z. B. ecfero, ecfatus. Jedoch würde der Gebrauch dieser Form bei Neulateinern affektiert sein; jedenfalls ist ecficere statt des gewöhnlichen efficere zu vermeiden.

Neue, Lat. Formenlehre II 766 ff.

7) in vor Vokalen und h, c, d, f, g (*ausgenommen* gn), i = *j*, n, q, s, t, v.

in und seltener il vor l.

in und ir vor r.

im und in vor m, b, p.

Regelrecht ist hier im; aber in kommt thatsächlich sehr häufig vor. Speziell ist zu schreiben **imperator,** nicht inp., und den Vorzug verdient imperium und imperare.

i vor gn.

8) **ob** vor Vokalen, i = *j* und h, b, d, l, n, r, s, t, v. Vor s und *t* wird häufig op geschrieben, was gegen die Theorie der Schulgrammatiker ist (oben § 7 I n. 2). In obsolesco ist die Form der Präposition obs.

ob und zuweilen om vor m.

oc vor c.

of vor f.

og vor g.

op vor p.

Vor p findet sich auch ob, z. B. obprobro, gegen das vorwiegende Gesetz. b fällt aus in omitto, operio, ostendo (= *obs-tendo*).

9) **per** bleibt regelmäfsig unverändert; nur vor l kann r in l übergehen, z. B. pellego = perlego, pellicio = perlicio, und in den Ableitungen von ius, iurare kann r ausfallen. Siehe unten im alphabetischen Verzeichnisse: peiurus, peiero.

10) **sub** vor Vokalen, h, i = *j*, b, d, l, n, s, t, v.

suc vor c.

suf vor f.

sug vor g.

sum und sub vor m.

sup vor p.

Inkorrekt, aber zuweilen gebraucht ist subp... z. B. subpono; vgl. adt..., obp....

sur und sub vor r.

sus (aus *subs*) in suscipio, suscito, suspendo,
sustineo, sustento, (sustollo) sustuli.

su in suspicere, suspiro.

11) **trans** vor Vokalen und b, c, f, g, p, r, t, v.

tran gewöhnlich vor s, und stets vor sc.

trans und häufig tra vor i = *i* und *j*, d, l, m, n.

Br. 294—303. Speziell über Livius vgl. Mommsen Abhdl. der
Berl. Ak. 1868 S. 170 f.

II. Die Composita von iacio mit einsilbiger Präposition
sollten nach Umlautung des a in i mit doppeltem i geschrieben
werden, z. B. abiicio. So verlangte es auch die Theorie der
römischen Schulgrammatiker. Aber im Gebrauche waren weit-
aus vorherrschend die Formen mit einfachem i. Wir schreiben
daher am sichersten:

abicio, adicio, inicio, obicio, subicio.

Wenn die Präposition auf einen Vokal ausgeht, so kann
auch ii geschrieben werden, wodurch die Verschleifung der
Laute *ji* bezeichnet würde. Z. B. coiicio, deiicio. Indessen
selbst nach einem Vokal ist einfaches i ebenfalls sicherer und
besser. Wir schreiben also:

coicio, deicio, eicio, proicio, reicio, traicio.

Br. 198—202. *Neue*, Lat. Formenlehre II 438. 502; Liv. (*cod. Veron.*)
III 44, 6. 51, 12. IV 12, 10. 13, 12. 21, 4. 58, 12.

Anhang zu den allgemeinen Regeln.

Beispiele aus stadtrömischen Inschriften.

C. I. L. VI: adici, adicit 1711. adquisito 1245; vgl. 1872. adsignatus
855. 857 u. a. adsistente 414 b 9. adtribuendam 877. aedes (has) 979.
aeditus 302. 8703. 8710 f. aedituus 8708. aeditos 8713. apsenti 456 f.
apsolutum 851. 1374. asstante 746. basem 435. basim 422. 460. 683.
base 360. 375. 407. 596. 653. 663. basi 532. 612. 622; vgl. ypobasi.
bybliothece 8743. caelator 9221. caelesti 638 f. caelicolis 754. caelum
776. 1779. caerimoniarum 934; vgl. 1001. caeruleus 1256 f. caeteri
1585 b; vgl. cet. Camena 312. cetera 103 (c. a. 214). 1693. 1710; vgl.
caet. chart(aria) 8567. chortis 339. circumit 1548. circumdatus
1080. cocus 8753 f. 9264 f. cocos 9261. com filis 690. condicionis
1783. cottidie 1783. desierat 1246. diis (diis) 108. 109. 295. 499. 502.
2210 u. a. dicionis 1140; vgl. 920. eldib. 1454 (a. 222). eis 712. 1375;
vgl. is. emptis 1260. fenarius 303. 9417. faenarior. 8686. fetiali 913;
vgl. 1302. 1462. 1583. harundinarius 9456. hedera 1724. holitor 9457 f.

2*

incobari 1176 (a. 367—375). inchoato 103 (c. a. 214 bis); vgl. 644
(a. 149). 738 (Sept. Sev.). is: ils 930,24 (Vespas.), vgl. 647; und eis.
Iulil 882. 910. 921 (1. Jahrh. n. Chr.). kandidatus 1337. karissimi 681;
vgl. 1449. 1487. kasibus 1245. lagona 8866. laguna 1884; s. lagoena
S. 45. lyntr(arius) 9531. manibeis 1301; vgl. 1316. Messalla 308; vgl.
1234 f. milliario 1256. mundiciei (vico) 975; vgl. planitiam. negotiari
826; vgl. 1035. 1065. 1625. 9652 f. opsonator 8944 f. otio (otiosus) 1724.
pedisecus 252. pedisequus 8992 f. 9767 f. (vereinzelt pedisequs pedesequa). —
Phraatis 1799. Prahates 1797. planitiam 1270. plebs 1511. 1512.
pleps 909. 910. 943. pomerium 1231 f.; vgl. 930,14. proelia 1377.
prompta 1725. propitium 1537; vgl. 2210. 2335. proscaenio 406.
quodannis 313. 1872. redemptoribus 877 n. a. religionem 648. 1001.
reliquiae 1884 (a. 117). saeculare(s) 877. saeptum 56. scaenar 1074.
(s)caenico 817. scen(ici) 1063. 1064. sepulcrum 1375. sollemne 313;
vgl. 912 c v. succipere 3828; vgl. 692. susc. 697 und sonst. sumpseras
1779 d 12. (consumserat 1793,8 [a. 394]). sumptus 754 u. a. ta(et)ro
1163. testacio 1179. thensauror. 325. thesaurorum 376. thurarii und
tur. 9928 f. tropaeis 1196 (c. a. 405). vIlic. vilicus 56. 278. 619. 623.
9089 f. 9983 f. villicus? 615. ypobasi 726; vgl. basem.

Orthographisches Wörterverzeichnis

in

alphabetischer Reihenfolge.

A.

a, ab, abs Präposition: vor Vokalen und h stets **ab**; vor Konsonanten meistens **a**. Und zwar wird **a** gewöhnlich vor den Konsonanten b, f, p, v geschrieben, während **ab** vor den übrigen Konsonanten nicht selten ist und namentlich vor l, n, r, s und konsonantischem i (= *j*) häufig erscheint. Z. B. ab Iove und a Ioṽe.

abs, besser als aps, darf nur vor te geschrieben werden, obwohl auch hier a te gewöhnlich ist.

Beispiele bei *Neue. Lat. Formenlehre* II 737 ff. Über Livius, welcher ab vor Konsonanten liebt, giebt der *cod. Veronensis* zuverläfsigeren Aufschlufs; z. B. ab iunioribus III 65, 7. ab legatis und a libidine ib. 26, 9. 44, 1. ab suis und a se ib. 43, 6. 35, 2. et a fronte et ab tergo IV, 33, 10. ab Verginio ib. 21, 9 u. a.

aps ist zwar lautlich berechtigt und kommt vor, entspricht aber nicht der vorherrschenden schulgerechten Schreibweise; z. B. aps te *cod. Vat.* Cic. Verrin. II 1, 43 § 111. abs te Cic. pro Rab. 11, 30. s. oben § 7 I. Über das sonstige Vorkommen von abs s. *Neue* a. a. O.

a und **ah** Interjektion.

Beide Formen sind beglaubigt,

vgl. *Neue*, Lat. Formenlehre II 812; z. B. Horat. c. I 27, 18. 17, 5 Keller; Terent. Andr. III 3, 11. Ad. I 2, 47 Umpfenbach.

abcido, s. abscido.

Abella, nicht Avella. *Br.* 238. Or. 7167 u. a. Verg. Aen. VII 740 Servius. C. I. L. X p. 136.

abeo, abii u. s. f. oben § 19 II.

abfore, abfui, s. absum.

abicio, abieci, **abicere**, besser als abiicio, oben § 20 II.

abs s. a, ab.

abscido (*abs-caedo*), nicht abcido. Z. B. Horat. serm. II 3, 303 Holder. vgl. Ribbeck prol. in Verg. p. 444. *cod. Veron.* Livii IV 10, 4. C. I. Gr. 1711 B 12 (*Br.* 333). C. I. L. III 567.

abscisio, nicht abcisio. Cornif. ad Herenn. IV 53—54 § 67 *bis* richtig überliefert mit Variante abscissio (abc.Kayser, vgl. seine Corrigenda).

absens, s. unter absum.

absum, **afui, afuturus, afore**, nicht abfui u. s. f. Z. B. Liv. IV 12, 7. 58, 2. V 4, 14 *cod. Veron.* Cic. ep. ad fam. *cod. Med.* (ed. Cic. de re p. II 43 p. 243. Osann zu Cic. de re p. II 43 p. 243. *Fl.* 7. *Neue*, Lat. Formenl. II 742.

absens, nicht apsens, oben § 7

I; vgl. *Br.* 333. Mai class. auct. II p. 418 (*cod. Vat.* Cic. Verr. II 2, 23 § 55).

absumo, absumpsi, absumptum, s. sumo.

Z. B. Liv. IV 26, 5. V 43, 4. VI 2, 12.

ac vor Konsonanten, aufser *h*; atque vor Vokalen und Konsonanten.

ac (ad) — c in Compositis, siehe oben § 20 I n. 2.

Acca Larentia s. Larentia.

äcipenser, Name eines Fisches, nicht accipenser oder aquipenser.

Horat. serm. II 2, 47 Holder.

aclys, aclydis, nicht aclis.

Verg. Aen. VII 730 Ribbeck (prol. p. 452: acludes P. *γ*[1] '*nescio an recte*').

ad in Compositis, siehe oben § 20 I n. 2.

additicius, nicht -tius § 6 I.

adedo, **adesum**, besser als adēssum.

Verg. Aen. IX 537 Ribbeck.

adeo, **adii** u. s. f. § 19 II.

adgnosco s. agnosco.

adicio, besser als adiicio § 20 II.

adolescens s. adulescens.

Adria s. Hadria.

Adrumetum s. Hadrumetum.

adsiduus s. assiduus.

adsimulo, nicht adsimilo.

Verg. Aen. X 639. XII 224 Ribbeck; vergl. *Forcellini* s. v.

advecticius, nicht -tius § 6 I.

adversus, **adversum**, nicht die ältere Form advorsus.

Wie versus. Vergl. Verg. Aen. IX 443 Ribbeck. Cic. de re p. ed. Osann p. 442. Ritschl opusc. II 262.

adulescens als Substantiv (*„Jüngling“*); nicht adolescens.

Br. 82. Cic. de re p. I 8, 13. 15, 23 p. 58 Osann. Mai cl. auct. II p. 389. *cod. Veron.* Livii III 12, 8. V 32, 8. vgl. Ellendt zu Cic. de or. I 2, 5 u. a.

adolescens als Particip von adolesco.

adulescentia, adulescentulus, wie adulescens.

aedes, aedis, *Sing. nom.* aedis, seltener aedes. *acc.* aedem. *abl.* aede. *Plur. nom.* aedes. *gen.* aedium. *acc.* aedes und aedis.

Charisius schreibt vor: 'hae aedes = domus; sed aedis si dixeris, templum significas' (*Br.* 147 f.).

Der *Nominativus sing.* aedis ist durch eine Cäsarische Inschrift (*Br.* 147), durch die fasti Praen. Jan. 27. Mart. 2. 19. April 10. 28. Ant. Aug. 18 (*auf die Garatoni, Corssen u. a. hinweisen*) und noch aus dem 4. Jahrh. durch Or.-Henz. 5580 beglaubigt. Handschriftliche Beispiele bei *Neue*, Formenl. I 179 f. vgl. z. B. Cic. in Verr. II 4, 55 § 122 Zumpt, Jordan. Der *cod. Veron.* Livii hat einmal aedis IV 25, 3; aber zweimal aedes III 63, 7. V 31, 3.

Accus. plur.: aedisque poplicas C. I. L. I 551 (2. Jahrh. v. Chr.) und noch auf einer Schweizer Inschrift (4. Jahrh. n. Chr.) Mommsen Inscr. Helv. 10. — Für aedes die handschriftl. Überlieferung Vergils (Ribb. Ind. p. 407. 412).

aedilicius, nicht -tius § 6 I.

aedituus, nicht die ältere Form aeditumus oder aeditimus.

Zumpt zu Cic. in Verr. II 4, 44 § 96. Gellius XII 10.

Aedui, besser als Haedui.

Notitia prov. et civ. Galliae (Rhein. Mus. XXIII 278), Caesar u. a. Haed. ist überliefert Inscr. Helv. 192 Momms., aber Aed. Or. 5966. C. I. L. III 4498.

aedus s. haedus.

Aefula, nicht Aesula.

Hermes I 426.

Aegaeus, a, um *Αἰγαῖος*.

So die gute handschriftl. Überlieferung, neben dem irrtümlichen aegeus, vgl. Keller-Holder, Hor. c.

II 16, 2. III 29, 63. epist. I 11, 16. Dagegen ist

Aegeae u. **Aegiae** Städtename. *Αἴγειαι*: 'Philippus Aegiis occisus est'. Nepos de reg. 2, 1; so Fleckeisen Philol. IV 334. Aegeae Iustin. VII 1, 10. Zu unterscheiden ist die Form *Αἰγέαι*, welche für die cilicische Stadt angenommen wird: Aegëas Tac. ann. XIII 8 (egeas *codex*). Über die verschiedenen Namen vgl. Henr. Stephani thes. s. v. *Αἰγαί, Αἴγεια.*

äēnĕus, äēnus, häufiger als die Formen: aheneus, ahenus. Für die Berechtigung beiderlei Formen, ohne und mit *h*, zeugt Vergil. Aen. II 470. ge. I 296 mit der Bemerkung des Gellius II 3. Doch haben die Vergilhandschriften nach Ribbeck Ind. p. 423: aënus „constanter exceptis Aen. I 449 (M 2) et IIII 513 (Pierian.)". Die Überlieferung des Horaz ist ebenfalls für aeneus und aenus s. Keller-Holder zu c. I 83, 11. 35, 19. III 3, 65. 9, 18. 16, 1. serm. II 3, 183. ep. l 1, 60. II 1, 248. (So auch der Vossianus Ausonii ep. 25, 23.) „Die Kupfertafel (der Militärdiplome) heifst auf unseren Urkunden bis zum J. 134 durchgängig tabula aenea (nie ahenea)" Mommsen, Hermes I 467. C. I. L. III p. 919. — abenam C. I. L. I 196, 26. (186 v. Chr.). aheneis im Mon. Anc. I *Überschrift.* ahene(as) Or. 5129 (56 n. Chr.) u. a. (*Fl.* 7). vgl. aeneatores C. I. Rh. 1783.

Aenobarbus,s.Ahenobarbus.

Aequiculi,besseralsAequicoli. Verg. Aen. VII 747: Aequicula gens. C. I. L. I p. 564 el. 35: aequeicolus. C. I. L. IX p. 388. vgl. Liv. I 32, 5. X 13, 1.

Aequimaelium, nicht **Aequimelium.** Die Handschriften bieten zwar Aequimelium; aber das beweist nichts, da dieselben auch Melius mehrfach für das richtige Maelius haben (so *cod. Veron.* Liv. IV 13, 1: Melius, aber IV 13, 8: Maelius; vgl. 14, 1. 3. Quintil. V 11, 12. 13, 24).

Für **Aequimaelium** spricht der Umstand, dafs Varro, Cicero, Livius den Namen mit der Zerstörung des Mälischen Hauses in Verbindung bringen. vgl. Drakenborch zu Liv. IV 16, 1. Christ zu Cic. de divin. II 17, 39 (*ed. Tur. 2* IV p. 534, 1). Becker R. Alt. I 486.

aequiperare, nicht aequiparare. ▸ Z. B. Nepos Them. 6, 1. Alc. 11, 3 Halm. Cic. Tusc. V 17, 49. Verg. ecl. 5, 48 Ribbeck. Dafs die Überlieferung vieler guter Handschriften für aequipero spreche, bemerkt *Forcellini.*

aequus, nicht aecus oder aequos. § 6 II. § 14 n. 1.

aerumna, nicht erumna. erumna gehört der ungebildeten Volkssprache an (*Br.* 205).

aesculetum, nicht esculetum. Hor. c. I 22, 14 Keller.

aesculeus, nicht esculeus. Ovid. M. I 449 s. aesculus. vgl. aesculineis C. I. L. I 577, 2. 9.

aesculus, nicht esculus. Hor. c. III 10, 17 Keller. Vergil ge. II 291 Ribbeck.

Aesernia, nicht Esernia. Z. B. Cic. ad Att. VIII 11 D 2. Die alten Münzen haben Aisernino C. I. L. I 20.

Acsopēus] in der Kaiserzeit **Aesopius** *Αἰσώπειος.* Quintil. V 11, 20: *αἰσωπείους*] aesopius *Ambros.* Aesopius Phaedr. IV prol. 11 Müller.

Aesquiliae, s. Esquiliae.

aestimatio, s. aestimo.

aestimo, nicht die ältere Form aestumo. aestumo in der lex repet. (123/2 v. Chr.) C. I. L. I 198. aestimo *cod. Veron.* Livii IV 54, 6. vgl. III 63, 9. Dasselbe Verhältnis besteht zwischen aestimatio, aestumatio, und anderen Ableitungen. In den ciceronischen Handschriften findet sich *u* und *i*; vgl. de re p. II 35, 60; Osann hierzu p. 436.

aethĕrïus (*αἰθέριος*), nicht aethereus.

Horat. c. I 3, 29 Keller. Verg.
Aen. V 518. 838. culex 102 Ribbeck.

Aesula s. Aefula.

Aetna, in der Prosa, nicht Aetne.
Die griechische Form Aetne
(*Αἴτνη*) in der guten Überlieferung
des Ovid z. B. Met. II 220. XV 340,
„ut alibi saepe" *N. Heinsius.*

aevum, nicht aevom § 4. 14 n. 1.

afore, afui, afuturus, s. absum.

agnosco und **adgnosco.**
adg. Horat. ep. I 16, 29 Keller.
vgl. Osann zu Cic. de re p. III 35,
47 p. 297. oben § 20 I n. 2.

ah s. a.

aheneus, ahenus, s. aeneus.

Ahenobarbus ist die Form der
Republik und früheren Kaiserzeit; später Aenobarbus.
C. I. L. I 571. 1344. Henzen Scavi
p. 4 ff. Quintil. VI 1, 50. Suet. Nero 1.

Alaesa, Alaesus, s. Halaesa.

Alamanni, nicht Alemanni.
C. I. L. I p. 303 *Oktober 5. 10.*
VI 1175. Script. hist. Aug. und
Ammian. Rhein. Mus. IX 304.

aleum, s. alium.

Alexandrea Form der ciceronischen Zeit; **Alexandria** ist ebenfalls richtig und wahrscheinlich
erst der Kaiserzeit angehörig.
C. I. L. I 474. fast. Venus. a.
724 p. 471. Hor. c. IV 14, 35 Keller.
Cic. de fin. V 19, 54. Madvig. ad
fam. VII 17, 1 u. a. vgl. Osann zu
Cic. de re publica p. 467. vgl. oben
§ 5 n. 2.

Alia, s. Allia.

alica, nicht halica.
halica gehört in die vorklassische Zeit. halicarius *Lucilius.*
(*Br.* 284).

Alicarnasus, s. Halicarnasus.

alimentum, nicht alumentum.
Br. 119. vgl. Cic. de rep. I 4, 8.
Sallust. fr. Vat. I b 4 (Hermes
V 402).

alioqui ist richtiger als alioquin.
Br. 271. Ribbeck, Partikel 20.

aliquotiens, besser als aliquoties.
Wie quotiens; oben § 17 II.

alium, besser als allium („*Knob-
lauch"*), nicht aleum.
Br. 136. 137. Horat. epod. 3, 3
Keller. vgl. Plaut. Most. 48 R. C.
I. L. III p. 829. IV 2070.

aliunde und **alicunde.**
Osann zu Cic. de re p. VI 25,
27 p. 410, wo irrig eine Ableitungs-
verschiedenheit angenommen ist.

allec, nicht alec oder hal.
Hor. serm. II 4, 73. 8, 9 Holder.

Allia, Alliensis, nicht Alia,
Aliensis.
Fasti Antiat. u. Amit. Jul. 18 =
C. I. L. I p. 328. 324. vgl. Verg.
VII 717 Ribbeck. Alia *cod. Veron.*
Livii V 39, 6. 8. 53, 5. aber Al-
liensem VI 1, 11.

Allifae, Allifanus, nicht Ali-
fae, Alifanus.
Hor. serm. II 8, 39 Holder. C.
I. L. I p. 299.

alucinari und **allucinari,** besser
als die ältere Form halucinari.
alucinatus Cic. de deor. n. I
27, 72 (*ed. Tur. 2* p. 388, 5 *cod.
Voss. 86. Pal. 1519*). allucinari
Cic. ep. ad Q. fratrem II 9, 1 *cod.
M.* (wo halucinari am Rande,
nach Baiter *ed. Lips.* p. LXXI). Die
Aussprache ohne *h* bestätigt für
seine Zeit Gellius II 3, welcher
auch berichtet, dafs Cloatius Verus
das Wort von *ἀλύειν* hergeleitet
habe (XVI 12).

alvarium (Bienenkorb), nicht al-
vearium.
Vergil. ge. IV 34 Ribbeck (prol.
p. 388).

ambedo, ambedi, **ambesum,** besser als ambēssum.
Verg. Aen. V 752 Ribbeck (prol.
p. 444). Die letztere Form ist zwar
auch richtig, aber nicht schulgerecht.

amentum und **ammentum.**
Z. B. Cic. de or. I 57, 242. am-
mentum Caes. BG. V 48, 5 *codd.
A.* Verg. Aen. IX 665 Ribbeck.

amfractus, s. anfractus.

Ammon, s. Hammon.

amoenus, nicht amenus.
Z. B. Horat. carm. I 17, 1 Keller.

u. oft; auch inschriftlich durch das Cognomen Amoenus bezeugt.

Ampsanctus, nicht amsanctus.

Cic. de divin. 1 36, 79 Christ. Verg. Aen. VII 565 Ribbeck.

anas, anatis, nicht anes oder auetis.

Aber in Ableitungen **anaticula,** **aneticula; anatinus, anetinus.** *Br.* 74. 75. vgl. z. B. anaticula Cic. de fin. V 15, 42, wo aneticula *Cod. Voss. 86. Erlang. 847.* Lachmann in Lucr. p. 16.

ancora, nicht anchora.

Für **ancora** zeugt Marius Victorinus (*Br.* 288). anchora bei Verg. Aen. 1 169. VI 3 nach Servius.

anellus, nicht annellus.

Hor. serm. II 7, 9 Holder.

anfractus, nicht amfractus.

Br. 264.

animadverto, nicht animadvorto.

Vgl. verto. Der Ausdruck animum advorto ist vorklassisch (*Br.* 102); schon in den Handschriften des Terenz findet sich die jüngere Form An. I 1, 129. IV 4, 28. vgl. Ribbeck prol. in Verg. p. 388.

antemna und **antenna.**

Vergil. Aen. III 549 Ribbeck. Horat. carm. I 14, 6 Keller. vgl. Ritschl opusc. II 552. 773.

Antiochea und **Antiochia.**

Cic. ad. fam. II 10, 2: - e a *cod. Med.* vgl. Osann zu Cic. de re publica p. 467 f. wie Alexandrea.

antiquus „alt"; **anticus** „der vordere".

§ 6 II. § 14 n. 1.

antistare (voranstehen), nicht antestare.

Br. 180. Cic. de re p. I 18, 28 (vgl. Osann p. 270). Ritschl opusc. II 559.

anulus, nicht annulus.

Horat. serm. II 7, 53 Holder. Cic. de or. III 32, 127 Ellendt. annularius C. I. L. I 1107.

Anxur, Anxurus, nicht Axur.

Horat. serm. I, 5, 26 Holder. Verg. Aen. VII 799 Ribbeck.

Apenninus siehe Appenninus.

apes und apis im Nom. sing.

apis fand Priscian bei Ovid. Met. XIII 928; aber apes gilt den alten Grammatikern als das Gewöhnliche (*Br.* 148).

Appenninus, besser als Apenninus.

Appenn. *cod. Veronensis* Livii V 33, 6. Verg. Aen. XI 700. XII 703 Ribbeck. Horat. epod. 16, 29 Keller.

apud ist die schulgerechte Form neben dem ebenfalls häufig vorkommenden **aput.**

Ellendt zu Cic. de or. I 11, 48; oben § 8 n. 3.

Apuleius und **Appuleius.**

C. I. L. I p. 573 u. a. Ellendt zu Cic. de or. II 25, 107. Philol. Anzeiger IV 366.

Apulia, Apulus, besser als App.

Horat. carm. I 38, 7 u. a. serm. I 5, 77. II 1, 34. 38 Keller-Holder (I p. 238). Sallust. Cat. 27, 1 u. a. C. I. L. I p. 299, 1; p. 573. Philol. Anzeiger IV 366.

aput s. apud.

aquosus, nicht aquonsus.

Br. 267. 268, nach Marius Victorinus; oben § 9 III.

arbor, nicht arbos.

Br. 277, nach Quintilian. oben § 15 n. 2.

arca, nicht archa.

Horat. serm. I 1, 67. 8, 9. II 3, 119, 7, 59 Holder.

arcesso und **accerso.**

Cic. de or. II 27, 117 Ellendt. accerso Sallust. Iug. 62, 4. 109, 4. accerso und arcesso Cat. 40, 6. 52, 24. 60, 4 u. a. mit Nebenform nach der 4. Konjugation; vgl. Dietsch II p. 145. Nepos Att. 21, 4 Halm. Ribbeck Vergil. prol. p. 388; und Horat. ep. II 1, 288 (vgl. ib. 168. I 5, 6. serm. II 3, 261) Keller-Holder. vgl. Jahrb. f. Phil. 89 S. 834. *Neue,* Lat. Formenl. II 416 über die Nebenformen nach der 4. Konjug.

Die Form **accerso** eignet sich bei Neulateinern nicht für die einfache, unpathetische Sprache.

arctus s. artus.

arena s. harena.

Areopagita und Ariopagita
(Ἀρειοπαγίτης).
Quintil. V 9, 13 p. 230, 15 Halm.
Cic. de off. I 22, 75 p. 661, 4 Bai-
ter u. a.
Areus pagus und Arius pagus
(Ἄρειος πάγος), besser als Areo-
pagus, Ariop.
Cic. de div. I 25, 54 p. 499, 6,
wo Christ Ariopagum schreibt,
und andere Stellen, die Nipperdey anführt zu Tac. ann. II 55.
vgl. Osann zu Cic. de re p. I 27,
43 p. 92 u. p. 467. oben § 5 n. 2.
ariolari, ariolus s. hariolari,
hariolus.
Arretium, Arretinus, nicht
Aretium.
Z. B. Sallust Cat. 36, 1. Caes. BC.
I 11 u. sonst. Forcellini s. v. Aretium.
C. I. L. X 6123.
Arruns, nicht Aruns.
cod. Veron. Livii V 33, 3. 4.
Verg Aen. XI 759 Ribbeck.
artare, nicht arctare, von artus.
artus, nicht arctus (eng).
cod. Veron. Livii IV 34, 6 und
sonst die guten Handschriften. vgl.
z. B. Keller zu Horat. carm. I 38, 7.
arundo, s. harundo.
aruspex, arespex s. haruspex.
as .. in Compositis (= abs.. und
ad-s.) siehe § 20 I n. 1. 2.
assiduus und adsiduus, nicht
asseduus.
Br. 145. 296 ff. 305. adsiduus
z. B. im cod. Veron. Livii IV 25, 1.
55, 3. V 50, 8. VI 1, 5. vgl. Osann
zu Cic. de re p. II 22, 40 (p. 201).
at in Compositis (ad-t ..) siehe
§ 20 I n. 2.
atque, s. ac.

atqui, richtiger als atquin.
Br. 271. Ribbeck Partikel 20.
Neue, Lat. Formenlehre II 802.
attrecto und attracto.
Ribbeck prol. in Verg. p. 387
(Aen. II 719). vgl. Priscian VIII 85
= I p. 438 H.
auctor, nicht autor und
auctoritas, nicht autoritas.
Br. 215.
aucupium, nicht aucipium.
Br. 120 ff.
audacter, nicht audaciter.
Quintil. I 6, 17. (Br. 202. 299).
audeo, ausus, gewöhnliche Form
für das in der Zeit des Cicero
und Augustus auch vorkommende aussus.
Br. 275. vgl. casus, causa. Ribbeck prol. in Verg. p. 444.
Avella, s. Abella.
avello, avulsus, nicht avolsus.
Cicero und Horaz: avolsus (de
re p. I 1, 1 Osann p. 6. serm. I 1,
58 Holder); oben § 4.
aveo, s. haveo.
Augeas (Αὐγείας), besser. als
Augias. Adjektiv: Augēus.
Augeas Seneca apoc. 7 p. 52. 81
(ed. Berol. p. 223) Bücheler. Plinius
XVII 6 § 50 Sillig. cod. Voss. Ausonii id. 19, 7. oben § 5 n. 2.
aurifex, nicht aurufex.
Br. 122.
autumnus, nicht auctumnus.
Fl. 8. fragm. Vatic. Sallust. hist.
I a 8 im Hermes V 402. cod Veron.
Livii V 6, 2. Ribbeck prol. in Verg.
p. 389. Horat. carm. II 5, 11 u. a.
Keller (p. 240).
avunculus, nicht avonculus.
Oben § 4. avonculus z. B. C. I. L. II
900. 1282, 11. vgl. Cic. de rep. I 19, 31.

B.

baca, besser als bacca.
Vergil. ecl. X 27 u. a. Ribbeck
prol. p. 391. Horat. carm. II 6, 16.
epod. 8, 14. ep I 16, 2. serm. II 3,
241. 4, 69 Keller-Holder. Cic. de

leg. I 8, 25 p. 22, 9 Vahlen. bacca
schrieb Priscian II 6 = I p. 47,5 H.
baccar (baccaris), besser als
bacchar.
Verg. ecl. IV 19. VII 27 Ribbeck.

balbutio, nicht balbuttio.
Horat. serm. I 3, 48 Holder.
Baliares, Baliaricus (*Βαλια-ρεῖς*), besser als Baleares, Balearicus.
Act. triumph. 633 = C. I. L. I p. 460. Or. 732, dagegen 168. (C. I. L. II 4218; vgl. 3695. Corssen Ausspr. II² 346). 'in *cod. Put.* Livii id nomen saepius littera *i* quam *e* scriptum reperitur.' Alschefski zu Liv. XXI 21 (III p. 88). vgl. Verg. ge. I 309 und Sall. Iug. 105, 2: Balear.
balineum, s. balneum.
ballista, besser als balista.
ballista *cod. Ambros.* Plauti Trin. 668 R. balista ib. *cod. Pal. Vat.* „ballistae (sed altera *l* expuncta)" *cod. Reg.* (*Paris. 6332 saec. IX*) Cic. Tusc. II 24, 57 p. 270, 23 Baiter.
balneum hat eine berechtigte Nebenform:
balineum, ebenso balneae, balineae.
Br. 202. vgl. Plaut. Merc. 126 R. Placidi gloss. p. 14, 8 D. baliniis fast. Praen. April. 1. vgl. Ritschl opusc. II p. 523. Keller Jahrb. für Philol. Bd. 107 S. 804 ff.
balteus, balteum, nicht baltius, baltium.
Br. 136. 137. z. B. Quintil. IX 3, 9 Halm.
barritus, nicht baritus oder barditus.
Keller, Jahrb. f. Phil. Bd. 103 S. 560 f.
batillum s. vatillum.
battuo (schlagen), nicht batuo.
So *cod. Med.* Cic. ep. fam. IX 22, 4.
belua, nicht bellua.
Horat. carm. I 12, 23 u. a. be-luosus IV 14, 47. serm. II 3, 316. 7, 70. ep. I 1, 76 Keller-Holder. Verg. Aen. VI 287 Ribbeck u. a. z. B. Plaut. Trin. 952 R. Sallust. Cat. 1, 2 Dietsch. Cic. de re p. I 18, 30. II 26, 48. vgl. Osann p. 73 und Mai zu Cic. pro Mil. class. auct. II p. 114 und 388.
benedicere und **bene dicere.**

benefacere und **bene facere.**
beneficium, besser als benificium.
beneficus, besser als benificus.
benevolentia, besser als benivolentia.
benevolus, besser als benivolus.
Beiderlei Formen sind berechtigt. In der republikanischen Zeit trat der Umlaut beni ein und hielt sich in der Kaiserzeit; z. B. benificio aus dem Jahre 46 n. Chr. bietet C. I. L. V 5050, 30. 34. Dagegen galt seit dem ersten Jahrhundert der Kaiserzeit die Schreibweise bene in der Grammatik vorwiegend als korrekt. Abweichende Grammatiker-Theorie siehe in Placidi gloss. p. 14, 11 Deuerling. *Br.* 179. *Indices zum C. I. L.* vgl. VI 1066. 1067. Für die schulgerechten Formen benevolus u. s. f. Ellendt zu Cic. de or. II 17, 72. Osann zu Cic. de re p. IV 8, 8 (p. 322). vgl. Ritschl opusc. II 561 f.
bibliotheca und bybliotheca (*βίβλος, βύβλος*).
K. Keil Rhein. Mus. XVIII 269 f. Or. 6306 f. vgl. C. I. L. I p. 327 ter, 610. III n. 607. z. B. Cic. ep. ad fam. VII 23, 2 *cod. Med. by.*
bipartitus und **bipertitus.**
Wie tripartitus; vgl. depeciscor.
bipennis, nicht bipinnis, in allen Bedeutungen des Wortes.
Br. 142. 143. vgl. Ribbeck prol. in Verg. p. 391. Horat. carm. IV 4, 57 Keller.
Boeotii und Boeoti.
Die gewöhnliche prosaische Form ist -tii. Nep. Alc. 11, 3. Con. 2, 4. Ep. 9, 2. 3: vgl. daselbst 8, 3. Ages. 4, 1. 5 Halm. Dem griechischen *Βοιωτοί* ist Boeoti direkt nachgedildet z. B. Horat. ep. II 1, 144; vgl. Phil. Anzeiger III 268.
Boiohaemum und **Boiohemum,** nicht Boihemum, Boiemum.
Velleius II 109, 3. Halm Rhein. Mus. für Philol. XXX 539. Holtz-

mann, German. Altertümer, herausg. v. Holder S. 229.

Bonifatius ist die echte Form, wie die altchristlichen Inschriften lehren. **Bonifacius** ist mittelalterlich.

bos *gen. plur.* **boum**, *dat.* **bubus**, häufiger als **bobus**.
Beispiele bei *Neue*, Lat. Formenlehre I 287. 296. Ribbeck prol. in Verg. p. 448. C. I. L. VI 2059. **Bosphorus** ist die in lateinischen Handschriften gewöhnliche Form statt des griechischen Βόσπορος. *Fl.* Jahrb. für Phil. Bd. 99 S. 656 ff. Bd. 101 S. 458.

braca, nicht bracca.
Propert. IV 4, 17. V 10, 43 L. Müller. Das *c* wurde auch aspiriert, *bracha* (*Br.* 291).

bracchium, nicht brachium.
cch ist handschriftlich besser überliefert, als *ch*. Ribbeck prol. in Verg. p. 391. Horat. carm. I 8, 11 u. a. serm. I 2, 92. 9, 64 Keller-Holder (vol. I p. 241). vgl. Gruter 266, 4. C. I. L. VII 269. brachium *cod. Veron.* Livii IV 9, 14.

bractea s. brattea.

brattea und brattia, nicht bractea.
Verg. Aen. VI 209 Ribbeck. (*Br.* 133). C. I. L. VI 95.

Britannia, Britannicus, Britannus, nicht Brittann.
Auf Inschriften kommt zwar auch Brittann. vor. Aber einfaches *t* ist vorwiegend und vorzuziehen, weil Horaz die erste Silbe kurz gebraucht.

Brittii und **Bruttii.**
Mommsen unterit. Dial 252 f. (*Fl.* 8). Indices geogr. der Inschriftensammlungen.

Britto, nicht Brito.
Index zu C. I. Rh. C. I. L. VII 1094.

Brundisium, nicht Brundusium.
Horat. serm. I 5, 104. ep. I 17, 52. 18, 20 Keller-Holder; ebenso die Inschriften. Dagegen Brundus. Velleius, s. Halm Rhein. Mus. XXX 539. C. I. L. IX p. 8.

Bruttii, s. Brittii.

bucca, nicht buccha.
Horat. serm. I 1, 21 Holder.

bucina, **bucinator**, nicht buccina, buccinator.
Fl. 8. So Handschriften des Cäsar, Cicero, Curtius, Tacitus, Vergil (Ribbeck prol. p. 391), Ovid. vgl. fragm. Vat. Sallust. hist. (Hermes V 402. I b 11). C. I. L. III 3326.

bucula und **bocula** (*Deminutiv von bos*).
Ribbeck prol. in Verg. p. 391.

bybliotheca, s. bibliotheca.

C.

C. ist Abkürzung für **Gaius.** Diese Abkürzung hat sich aus der Zeit erhalten, als das lateinische Alphabet noch kein G hatte. Der volle Name ist **Gaius** zu schreiben, nicht Caius. *Br.* 213.

caecus, nicht coecus.
Gute Handschriften haben, aufser caecus, die Abschwächung cecus, aber nicht coecus; vgl. *caelebs, caenum.* Z. B. Cic. de re p. II 3, 5. Horat. carm. I 18, 14 u. a. Keller.

caedes, oben § 15 n. 3.

caelebs, nicht coelebs.

Br. 242 ff. Handschriftlich cael. und cel. vgl. *caecus, caenum.* Horat. carm. II 15, 4. III 8, 1. serm. II 5, 47. ep. I 1, 88 Keller-Holder.

caeles, itis.

caelestis.

caelicola, caelifer.

Caelius mons, **Caelimontanus.**

caelum, nicht coeles u. s. f. Coelius, coelum.
Sicher beglaubigt durch Inschriften: fast. Amit. Sept. 17 = C. I. L. I p. 324. Hermes I 152 u. a., sowie durch Handschriften: Cic. de re p. I 10, 15. 13, 19. 20 u. s. f. de

or. II 29, 128 Ellendt. *cod. Veron.*
Livii III 7, 8. 65, 2. V 51, 7. 52, 11.
Vergil (Ribbeck prol. p. 393). Horat. s. Keller-Holder I p. 241. II
p. 388. Über den Namen des Caelius mons vgl. Tac. ann. IV 65
Nipperdey.

caementicius und
caementum, nicht cementum.
C. I. L. I p. 574.

caenum,nichtcoenum(„*Schmutz*").
cod. Ambros. Plauti Pers. 407 R.
Handschriftlich caen. und cen.
vgl. *caecus, caelebs.* Horat. serm.
II 7, 27 Holder. Ribbeck prol. in
Verg. p. 393.

caepe (caepa), und cepe.
Beide Formen sind schon in der
Kaiserzeit üblich gewesen; s. oben
§ 5 Diphth. 1; für caep. spricht
Horat. ep. I 12, 21 Keller. Arnobius
66, 18. 95, 21 Reiff.; für cep. das
Edictum Diocletiani de pretiis rer.
ven. C. I. L. III p. 807. 829, und
die Wachstafel daselbst p. 953,
welche beiden Inschriften jedoch in
der Orthographie mangelhaft sind.

caerimonia und **caeremonia**, nicht
cerimonia.
caerim. Cic. de re p. II 14, 26.
caerem. *Br.* 330. Über handschriftliches cerimonia (Tac. ann.
IV 55 p. 279, 1 Nipperd.) vgl. *caecus, caelebs, caenum.*

Caeres, Caeritis und Caeretanus.
Br. 321 f. *cod. Veronensis* Livii
V 30, 3.

caesaries, nicht cesaries.
Br. 205. vgl. Keller zu Horat.
carm. I 15, 14.

caespes, besser als cespes.
'Scribimus per diphthongum'
Placidi glossae (p. 23, 2 Deuerling),
die freilich nicht fehlerlos sind;
vgl. caepe. Ribbeck prol. in Verg.
p. 393. Horat. carm. I 19, 13. II 15,
17. III 8, 4 Keller.

caestus (Kampfriemen), nicht
cestus.
Ribbeck prol. in Verg. p. 393.
Br. 205.

caetra, caetratus, besser als
cetra, cetratus.
Handschriftlich caet. und cet.
z. B. Verg. Aen. VII 732. Liv. ed.
Alschefski III p. 88. 751. — S. Ribbeck prol. p. 393.

Calendae, s. Kalendae.
camara, s. camera.
Camarina, s. Camerina.

Camena, nicht Camoena.
Horat. ed. Keller, Holder I p.
241. II p. 389. Andere Beweisstellen bei Becker R. Alt. I 513—515.

camera, nicht camara.
Horat. serm. II 3, 273. *Br.* 72
bis 75.

Camerina = Καμαρίνα in Sicilien.
Verg. Aen. III 701 Ribbeck.

candela, nicht candella.
Br. 259.

Canopus, Canopeus, Canopius, Canopita *(Κάνωβος)*.
„Cicero Canopitarum exercitum dicit, ipsi Canobon vocant"
Quintil. I 5, 13. Verg. ge. IV 287.
Catull. 66, 58. oben § 5 n. 2.

Carthago und **Karthago**; siehe
unten Karthago.
Br. 209 ff. Über *th* daselbst
287 ff. C. I. L. I p. 575. vgl. Ellendt zu Cic. de or. II 18, 75. Osann
zu Cic. de re p. p. 430—433.

casus ist der Form cassus vorzuziehen.
cassus kommt in der Zeit des
Cicero und der ersten Kaiser vor
(Ribbeck prol. in Verg. p. 444).
casus aber ist die schulgerechte
Form der Kaiserzeit (*Br.* 273 f.).
oben § 10.
Catina = Κατάνη.
Z. B. Cic. Verr. II 2, 49 § 120.
75 § 185 u. öfter. *Fl.* 9. C. I. L. X p. 720.

Caucaseus und Caucasius.
Beide Formen sind handschriftlich überliefert, z. B. Verg. ecl. VI 42.
ge. II 440. vgl. Ribbeck prol. 417 f.
Caucaseam C. I. L. VI 1163.

cauda, nicht coda.
coda ist plebejisch (*Br.* 206).

cavea, nicht cavia.
Br. 117. 133.
caupo, besser als copo.
copo gehört der plebejischen
Aussprache an; analog: caupona
und copa.
caurus, nicht corus.
Verg. ge. III 356; Ribbeck prol.
p. 436.
causa ist der Form caussa vorzuziehen.
Br. 274. 233. caussa ist wie
cassus zu beurteilen. vgl. Osann
zu Cic. de re p. I 3, 6 p. 20. causa
hat auch der cod. Vat. Verrin. und
der cod. Veron. Livii. Ribbeck prol.
in Verg. p. 445. oben § 10.
cautes § 15 n. 3.
cautela, nicht cautella.
Br. 260.
cĕdrus (κέδρος), nicht caedrus.
Horat. A. 332. vgl. Ribbeck prol.
in Verg. p. 393. 385. Falsch in
Placidi gloss. p. 18, 12 Deuerling.
cena, nicht coena.
C. I. L. I 1199. Fast. Praen.
Apr. 4. = C. I. L. I p. 316; und
oft auf Inschriften. Ebenso zeugen
die guten Handschriften unwider-
leglich für cena. Fl. 10. Rhein.
Mus. XXIV 535. XXV 627.
Cento, Beiname des C. Claudius
Appii f. bei Livius XXII 34 in.,
nicht Centho. Alschefski III p. 471.
vgl. Ellendt zu Cic. de or. II 71,286.
centurio, nicht chenturio.
Br. 282.
cepe, s. caepe.
Cerealis und Cerialis.
Fl. 12. Br. 136. 324. Ribbeck
prol. in Verg. p. 437. Der Name
des Festes: Cerialia C. I. L. I 490.
cervesia und cervisia, nicht
cerevisia.
Edict. Diocletiani de pretiis rer.
ven. C. I. L. III p. 805. 827 hat
cerves. vgl. Holtzmann German.
Altertümer, herausgeg. von Holder
S. 218.
cespes, s. caespes.
Cetegus, s. Cethegus.
ceteri, nicht caeteri.

Inschriftlich (C. I. L. I p. 575)
und handschriftlich (z. B. Cic. de
re p. I 4, 7. cod. Veron. Livii III 45, 2.
63, 11. Horat. ed. Keller-Holder I
p. 243. II p. 391) gesichert. Fl. 12.
ceteroqui, nicht ceteroquin.
Ribbeck Partikel 19.
Cethegus, nicht Cetegus.
Cetegus ist vorciceronisch. C. I.
L. I 339. Br. 287. vgl. Horat. ep.
II 2, 117. ars 50 Keller.
cetra, cetratus, s. caetra.
charta, chartinacius, nicht cart.
Br. 288. 219. Horat. carm. IV
8, 21. 9, 31 Keller.
cheragra u. chiragra (χειράγρα).
Horat. ep. I 1, 31. serm. II 7, 15
Keller, Holder, die cheragra in
den Text aufgenommen haben. oben
§ 5 n. 2.
Chersonesus und Chersonen-
sus.
Fl. Jahrb. für Philol. Bd. 105
S. 575.
Chilo und Cilo.
Br. 291.
chorda, nicht corda.
Horat. serm. I 3, 8. ars 348. 356
Keller, Holder.
Circei, Circeis, besser als
Circeii.
§ 14 n. 3.
circinus, nicht cercinus (κίρκινος).
Br. 142 f.
circumeo und circueo. circumitus und circuitus; circumitio und circuitio s. oben.
§ 20 I n. 4.
cithara, nicht cithera, citera.
Br. 75.
clades, nicht cladis im nom. sing.
Br. 146—149. oben § 15 n. 3.
clatri, nicht clathri.
Keller Jahrb. f. Phil. 103 S. 559.
claudo, clausi, clausum, nicht
die vulgären Formen clodo, cludo
u. s. f.
Vgl. Verg. Aen. VI 734 Ribbeck.
claustrum, claustra, nicht clo-
strum.
Wie caupo, claudo, plaustrum.

clipeus, besser als clupeus.
Br. 121. 321. clipeus I. R. N.
5250 = C. I. L. IX 2855 gegen Ende
des 1. Jahrh. n. Chr. clupeus in mon.
Ancyr. VI 20. C. I. L. II 1263. 1286.
VI 912. vgl. Ribbeck prol. in Verg.
p. 450. Horat. carm. I 28, 11 Keller.
cloaca, nicht cluaca.
cluaca ist die seltnere Form
(*Br.* 81). C. I. L. VI 1143. 1239 f.
Clytemestra = Κλυταιμνήστρα.
Im Lateinischen fiel *n* aus und
wurde die zweite Silbe kurz ge-
sprochen.
Fl. 13. Quintil. II 17, 4. III 10,
4 sqq. Clytaemestra *B* Clytemestra *A* „*et sic fere iidem dein-
ceps*" Halm, der Clytaem. in den
Text setzt. vgl. III 6, 53. Rhein.
Mus. XXIV 494. Clitĕmestra Auson.
epit. her. 1 (*cod. Vossian.*). Ritschl
opusc. II 517.
Cn. = Gnaeus.
Wie C. = Gaius.
Cnidus und **Gnidus**;
Cnosus, Cnosius und **Gnosus,
Gnosius**, nicht Cnoss.
Ribbeck prol. in Verg. p. 444.
392. Gn. Horat. carm. I 15, 17. 30, 1.
u. a. Keller. L. Müller de re m. p. 316.
co (con) in Compositis, siehe oben
§ 20 I n. 5.
coclea, besser als cochlea.
Br. 290 f. vgl. 133 f. Sallust.
Iug. 93, 2 Dietsch. Horat. serm. II
4, 59 sind die guten Handschr. für
coclea (*Holder* p. 146).
cocus, Form der stadtrömischen
Umgangssprache s. S. 19.
coemo, coemi, coemptum, nicht
coemtum, s. emo.
coerceo, üblicher als die ebenfalls
richtige u. ältere Form **coherceo**.
Keller zu Horat. carm. I 10, 18.
II 18, 38. 19, 19. epod. 9, 35. vgl.
Sallust. Iug. 91, 7. 100, 5 Dietsch.
Stamm HERC wie in herctum,
erctum.
cohors, nicht coors, cors, chors.
Br. 285. 286. vgl. Horat. serm.
I 7, 23.

coicio, besser als coiicio, conicio.
Br. 199 ff. 300. 334; oben § 20
II. coici *cod. Veron.* Livii VI 2, 10.
col-l in Compositis; siehe oben
§ 20 I n. 5.
coluber, nicht colober.
Letzteres ist plebejisch (*Br.* 85).
columna, nicht colomna.
Wie coluber (*Br.* 83).
com in Compositis; siehe oben
§ 20 I n. 5.
comedo, wie adedo.
comissari und **comisari**, κωμάζω.
Br. 275. Keller zu Horat. c. IV
1, 11. comisantium *cod. Veron.*
Livii III 29, 5.
commendaticius, commenticius.
Oben § 6 I.
comminus, nicht cominus; entgegengesetzt eminus.
Ribbeck prol. in Verg. p. 393.
Fl. 13. z. B. Caes. b. c. I 58 p. 46, 2
Dübner. Holder zum b. g. p. 258.
como, compsi, comptum.
Oben § 7 II.
comprehendo, besser als **com-
prendo**.
Br. 286.
con in Compositis; siehe oben
§ 20 I n. 5.
condicio, nicht conditio.
Fl. 14. Ribbeck prol. in Verg.
p. 394. Horat. carm. I 1, 12. III
5, 14 Keller. Cic. de re p. I 4, 7.
cod. Veron. Livii V 4, 1. 32, 5. Cic.
cod. Vat. Verrin II 1, 52 § 137. 54.
§ 142. de re p. I 4, 7. C. I. L. V 5050.
conecto, nicht connecto.
conexio, conexus, nicht conn.
Fl. 14. Ritschl opusc. II 449.
Br. 302. oben § 20 I n. 5.
conicio, s. coicio.
conitor, nicht connitor.
coniveo, nicht conniveo.
Wie conecto.
coniunx, besser als coniux.
Br. 270 f. vgl. Ribbeck prol. in
Verg. p. 434.
consecro, besser als consacro.
Br. 319 vgl. 77.

contemno, **contempsi**, contemptum;
contemptor, nicht contemsi, contemtum.
Oben § 7 II. vgl. temno; z. B. *cod. Veron.* Livii III 57, 3. 67, 4. 5. VI 2, 4. 9.
contio, nicht concio.
Cic. de re p. I 4, 7 (Osann p. 21 f.), de or. I 9, 35 Ellendt. *cod. Vat.* Verrin. (*ed. Tur.* 2 II 1 p. 449 zu p. 166, 25). *cod. Veron.* Livii III 19, 4. 27, 2 u. s. f. *Fl.* 14.
controversia, nicht die ältere Form controvorsia.
Z. B. *cod. Vat.* Verrin. II 1, 48 § 125 vgl. versus.
conubium, nicht connubium.
Br. 328. wie conecto.
conventicius, nicht conventitius.
Cic. de re p. III 35, 48. oben § 6 I.
convicium, nicht convitium.
Br. Rhein. Mus. f. Phil. XXIV 538.
coquere, besser als quoquere;
coquus, s. cocus, nicht quoquus.
Br. 232 f. vgl. Holder zu Horat. serm. II 1, 74. 2, 41. oben § 6 II. § 14 n. 1.
cothurnus, s. coturnus.
cottidie u. **cotidie**, nicht quotidie.
Br. 236. 237. 331. cottidie gehört nicht nur der gebildeten, sondern auch der plebejischen Sprache an (C. I. L. IV 1939). vgl. Mai zu Cic. pro Scauro, cl. auct. II p. 306. ib. 36. 173. Osann zu Cic. de re p. 475. *cod. Veron.* Livii III 12, 7. 51, 11.
coturnix, nicht cocturnix.
cocturnix ist plebejisch. Caper scheint cuturnix vorgezogen zu haben (*Br.* 87). C. I. L. III p. 806. 828 (Edict. Diocletiani de pretiis rer. ven.).
coturnus und **cothurnus** (*κόϑορνος*), nicht cuturnus.
coturnus ist die Form des Horat. carm. II 1, 12. serm. I 5, 64. ars 80. 280 Keller-Holder. Or. 6187. *t* u. *th* Vergil. ecl. VII 32. VIII 10. ge. II 8. Aen. I 337 Ribbeck prol. p. 424. Quintil. X 1, 68. Über cuturnus vgl. Horat. serm. I 5, 64 Holder.
crebresco, nicht crebesco.

Zumpt zu Cic. divin. in Caec. 4, 12; vgl. percrebresco.
cucullus (Kuckuck) und **cuculus**.
ll Horat. serm. I 7, 31 Holder. cuculus Plaut. Trin. 245 R. cucŭlus Philomela 35.
culleus, **culleum**, nicht culeus, culeum.
Nepos Eumen. 8, 7: culeos nur cod. R(omani collegii) ed. Halm; derselbe bezeugt *ll* für *Cicero* pro Sex. Roscio 11, 30 p. 38, 15 ed. Tur. vgl. *Fl.* 15. Placidi gl. p. 16, 19 Deuerling.
cum, nicht quum, ist die Konjunktion u. Präposition zu schreiben.
Br. 223 ff. index. Handschriftlich z. B. *codex Veronensis* Livii. vgl. Cic. de re p. *ed. Tur.* 2 p. 760, 4 (du Rieu). Ribbeck prol. in Verg. p. 442 f. 449. oben § 6 II.
Cumae in der Prosa, nicht Cymae, Cume.
Cic. ad fam. VIII 1, 2. *cod. Veron.* Livii IV 25, 4. Cumas Horat. ep. I 15, 11. Verg. Aen. VI 2 (wo Cymarum *R*) Ribbeck prol. p. 453. *Br.* 203. C. I. L. X p. 350.
cumba, besser als cymba; nicht cimba.
Ribbeck prol. in Verg. p. 452. Horat. carm. II 3, 28 Keller. Quintil. XII 10, 37 Halm.
cuminum = *κύμινον*.
Br. 203.
cumque (= et cum), nicht cunque.
Br. 265. vgl. Horat. ed. Keller-Holder I p. 246. serm. I 4, 67.
cuppes, cuppedo, cuppedia(e), besser als cupes u. s. f.
Plaut. Trin. 239 R. cuppedinarii Ter. Eun. II 2, 25. Umpf. vgl. Varro l. l. V § 146.
cupressus = *κυπάρισσος*, nicht cypressus.
Br. 203. Horat. ed. Keller-Holder I p. 246. Ribbeck prol. in Verg. p. 395. 453. Cic. de leg. I 5, 15.
cur, nicht quor.
quor ist vorklassisch. *Br.* 225. 228 f.
custodela, nicht custodella.
Br. 260.

Cybēbe und Cybĕle, *Κυβήβη* und
Κυβέλη.
Cybebe Verg. Aen. X 220. Cy-
bele: Ciris 166 Ribbeck. Ovid. fast.
IV 249. 363. vgl. Cybelus Verg.
Aen. III 111. XI 768.

cycneus *κύκνειος* s. cycnus.
cycnus *κύκνος*, besser als cygnus.
cycn. Ribbeck prol. in Verg.
p. 392. vgl. den Namen Cycnus.
C. I. L. IV 2508. cygn. Horat. carm.
IV 2, 25. 3, 20 Keller.

D.

Dahae, nicht Daae (Volksname).
Verg. Aen. VIII 728. Liv. 35, 48.
37, 38. 40. Tac. ann. II 3.
Dalmata und Delmata.
Dalmatia und Delmatia, Dal-
maticus und Delmaticus.
Br. 75. z. B. Horat. carm. II
1, 16 Keller. C. I. L. III p. 1172.
Dama Eigenname, nicht Damma;
dagegen damma *nom. appell.*
s. u.
C. I. L. I p. 577. Horat. serm.
I 6, 38. II 5, 18. 101. 7, 54 Holder.
Damaratus und Demaratus
(*Δαμάρατος, Δημάρατος*).
Cic. Tusc. V 37, 109 de re p. II
19, 34 (vgl. hierzu Osann p. 192).
Demaratus in der Rede des Claudius (I 12 Nipperdey).
damma, nicht dama.
Ribbeck prol. in Verg. p. 430.
vgl. Quintil. IX 3, 6 (damae Halm.
dāmae *A* dāme *GM*.) Horat. carm.
I 2, 12 Keller. vgl. Dama.
damno und
damnum, nicht dampno, dampnum.
C. I. L. I p. 577. mpn ist ein
häufiger Fehler in den Handschrif-
ten, der auf plebejische Aussprache
des Wortes zurückgeht. z. B. Hor.
serm. I 2, 52 Holder.
Danuvius, nicht Danubius.
Fl. 15. *Br.* 239. 332. Horat.
carm. IV 15, 21 Keller. C. I. L. III
3416. 5863.
Dareus, besser als die jüngere
Form Darius.
Dareus bei Cicero (s. Otto und
Osann zu Cic. de re p. 467 f); bei
Livius IX 17, 16 *Weißenborn*, Curtius *Hedicke.* Darius codices Cor-
nelii Nepotis, aber Dareus *editio
Ultraiect.* (Halm). vgl. oben § 5 n. 2.

Decelea, besser als Decelia.
Nep. Alc. 4, 7; Halm, wo Dece-
liam *cod. Monacensis* s. XV. oben
§ 5. n. 2.
decima und decuma (der Zehnte).
decuma ist die ältere Form, zu
Ciceros und Augustus' Zeit üblich
(vgl. C. I. L. I p. 577. *cod. Vaticanus*
Verrinarum II 3, 24 § 59. *cod. Veron.*
Liv. V 23, 8.); sie kommt auch in
der Zeit Quintilians vor (*Br.* 321).
Aber decimas ist überliefert Quintil. VIII 5, 19.
decimanus und decumanus.
Wie decima. decumanus *cod.
Vaticanus* Verrin. öfter, z. B. II 2,
13, wo decimanus *cod. Lagom. 42.*
vgl. decumates Tac. G. 29.
decimo, -are und decumare.
decimus als gewöhnl. Ordinalzahl,
nicht das ältere decumus.
Wie decima; oben § 17 I. de-
cum. Verg. ge. I 284. Aen. IX 155
Ribbeck. Tac. ann. III 21. vgl. XIV
44 Nipperdey.
defatigatio und defetigatio,
defatigo und defetigo.
Br. 78. *Fl.* 15.
defraudo, besser als defrudo.
vgl. fraus.
deicio, besser als deiicio, § 20 II.
Horat. serm. I 6, 39 deicere
dreisilbig. Nepos Alc. 3, 2 Halm.
delectus, s. dilectus.
delenio, -ire, nicht delinio.
Z. B. Horat. carm. III 1, 43
Keller.
deliratio
deliro
delirus, nicht deleratio u. s. f.
Br. 142 f.
Delmatia, s. Dalmatia.

demo, dempsi, demptum.
Br. 248. oben § 7 II. Horat.
carm. II 5, 14 Keller. *cod. Veron.*
Livii IV 10, 6.
denuntio, s. nuntio.

depeciscor (depectus) und de-
paciscor(depactus); die erstere
Form mit dem Particip depectus
ist vorzuziehen.
Br. 78. Halm zu Cic. pro S.
Roscio 38, 110 (p. 59, 23 *ed. 2 Tur.*
vgl. *Fl.* 16).
deprehendo und deprendo.
Br. 286. Quintil. IX 4, 59 vgl.
IX 1, 17. Cic. de or. II 68, 275 Ellendt. deprendo Horat.

derigo *„gerade richten", in eine
bestimmte Richtung bringen";*
dirigo *„nach verschiedenen Sei-
ten, in verschiedenen Linien
richten".*
in derectum *„gerade"* Livius
XXII 47, 1. aciem derigere Liv.
XXI 47, 5. XXII 45, 2 Alschefski.
Halm, Rhein. Mus. für Philol. XXX
539. naves in pugnam Liv. XXII
19, 8. u. a. vgl. Vitruv VII 3. Henzen Scavi p. 53 ff. dirigere per
orbem; Mommsen bei Henzen p.
56. finis derectus C. I. L. III 2883.
describo ist zu unterscheiden von
discribo; siehe unten: discribo.
designatio
designator
designo, s. dissign.

desum, deest, deeram, deero,
nicht dest, deram, dero.
dero kommt vor, wie die zwei-
silbige Aussprache bei Dichtern, die
Tafel von Malaga, C. I. L. II 1964
(*Br.* 325) u. a. bezeugt. Handschriftliche Beispiele für dest, dero u.
s. f. Ritschl zu Sueton. vit. Terent.
p. 528. Ribbeck prol. in Verg. p. 414.
Aber in der Schrift ward auch das
korrekte deero, unabhängig von
der Aussprache, beibehalten; vgl.
die handschriftliche Überlieferung
zu Horat. serm. I 9, 56. II 1, 17. 2,
98 Holder. Cic. de leg. I 1, 2. 4, 14.
cod. Veron. Livii III 34, 7. V 7, 13.

detrecto und detracto.
Vgl. Priscian. VIII 85 = I p.
438 *H.* Ribbeck prol. in Verg. p.
387. detracto fragm. Vat. Sallust.
I a, 14 (Hermes V 402).

deversorium, besser als die ältere
Form devorsorium; nicht diversorium.
'devertit' qui a via vel ratione
deflexit. tamen cum devertit di-
catur, diversorium magis quam
deversorium usus obtinuit. ergo
utrumque usu et ratione dicimus.'
Placidi gloss. p. 33, 10 Deuerling.
Osann zu Cic. de re p. 442. deversorium Horat. ep. I 15, 10 Keller
u. a. vgl. Bücheler Jahrb. f. Phil.
87 S. 782.

deus,*plur.* dii, diis und di, dis;
nicht dei, deis.
Br. 137—140; oben § 14 n. 3.
Handschriftlich di z. B. Cic. de re p.
I 13, 19. Horat. serm. II 3, 123.

dexter, dextera, dexterum und
dextra, dextrum.
In der Prosa der quintilianeischen
Zeit hat die synkopierte Form den
Vorzug: dextra und dextrum.
Die älteren Schriftsteller schwanken.
Es ist jedoch zu bemerken, dafs in
substantivischem Gebrauche dex-
tera häufig ist. Plautus hat nur
die volle Form (Ritschl opusc. II
673). Über die einzelnen Autoren
berichtet *Neue,* Lat. Formenlehre II 5.
Diana, nicht Deana.
Deana ist plebejisch; z. B. C. I.
Rh. p. 380.

dicio, nicht ditio.
C. I. L. I p. 578. *cod. Veron.*
Livii IV 8, 2. V 27, 13. *Fl.* 16.
Ribbeck prol in Verg. p. 414.

dignosco, s. dinosco.
dilectus, nicht delectus (mili-
tärische Aushebung).
cod. Veron. Livii III 20, 2. 3 u. s. f.
Halm, Rhein. Mus. XXX 539.
dimidius, nicht demidius.
Br. 141.

dinosco, besser als dignosco.
Horat. ep. I 15, 29. II 2, 44 Keller. Quintil. XI 3, 18. 31 Halm. Für

die ält'ere Form **dignosco** spricht
Osann: Cic. de re p. III 35, 47 p. 297.
dirigo s. **derigo**.
discidium, nicht dissidium.
Madvig Exkurs zu Cic. de fin.
I 13, 44. *Fl.* 16.
discribo *„abgrenzend verteilen"*,
„einteilen", ist zu unterscheiden
von **describo** *„abschreiben"*, *„im
Abriſs zeichnen"*, *„beschreiben"*.
Vortrefflich behandelt den Unterschied Bücheler, Rhein. Mus. XIII
598. Jahrb. f. Phil. 87 S. 782. vgl.
Cic. de re p. I 46, 70 Osann p. 146. 512.
Cic. de leg. III 5, 12 p. 136 Vahlen.
discriptio und **descriptio** entsprechend discribo und describo.
disicio, besser als disiicio.
Oben § 20 II. dissicio Ribbeck
prol. in Verg. p. 414.
dissaepio, nicht dissepio.
Cic. de re p. IV 4, 4 vgl. saepio.
dissidium, s. discidium.
dissignatio (*„Anordnung"*, *„Einrichtung"*), zu unterscheiden von
designatio (*„Bezeichnung"*, *„Abriſs"*).
C. I. L. I 206, 94. 104. s. dissigno.
dissignator (*„Anordner"*, z. B.
„Besorger der Leichenbegängnisse", *„Anweiser der Theaterplätze"*), nicht designator.
Horat. ep. I 7, 6 Keller. *Fl.* 16. C. I.
L. IV 768 vgl. 597. VI 1074. 8846. 9373.
dissigno, -are (*„anrichten"*, *„anstiften"*), zu unterscheiden von
designare (*„bezeichnen"*).
Z. B. Horat. ep. I 5, 16 Keller.
Fl. 16; vgl. dissignatio, dissignator.
distinguo, nicht distingo.
Br. 127 f. vgl. Keller zu Horat.
carm. II 5, 11.
ditio, s. **dicio**.
divisio, nicht divissio.
Oben § 10; wie casus, causa.
Br. 273 f.
divus] **sub divum, sub divo** und
sub dium, dio.

Keller zu Horat. carm. I 18, 13;
oben § 4.
dolium, nicht doleum.
doleum ist plebejisch (C. I. L.
I p. 359). *Br.* 136.
dorsum, nicht dossum.
rs ist die gewöhnliche Form.
Br. 272. vgl. Ritschl opusc. II 544
Anm.
drachma, nicht drachuma oder
dragma.
drachuma ist vorklassisch; vielleicht noch Cic. ep. ad fam. II 17,
4, wo dracchum *Mediceus.* drachumum Baiter ed. Lips. vgl.
Bücheler Rhein. Museum XI 515.
drachm. Cic. pro Flacco 15, 34.
Ritschl opusc. II 483.
dragma kommt handschriftlich
vor, z. B. Horat. serm. II 7, 43 Holder.
Cic. pro Flacco l. c. cod. *Salisburg.*
Plaut. Trin. 425 *cod. F.*, wo die
guten Handschr. chum und chm
bieten.
Duilius und **Duillius**, nicht die
alte Form Duelius und Duellius.
ᴅᴠɪʟɪᴠs act. triumph. anni 494
(C. I. L. I p. 458). Duillius *cod.
Veron.* Livii III 64, 4 u. s. f. Über
Duelius, Duellius Mai zu Cic.
de re p. I 1, 1. Osann zu Cic. de
re p. 429.
dumetum und **dūmmetum,**
dumosus und **dūmmosus.**
Ribbeck prol. in Verg. p. 414.
dumetum Horat. carm. III 4, 63.
29, 23 Keller.
dumtaxat, nicht duntaxat.
Osann zu Cic. de re p. II 32, 56.
p. 220.
dupondius u. (jünger) **dipondius.**
'dupondius a duobus ponderibus' Varro de l. l. V 169. dipundium ist plebejisch C. I. L. IV 1679.
vgl. Petron. 14. 58 Bücheler. Rhein.
Mus. XI 149 Schmitz.
Dyrrachini = Δυῤῥαχηνοί, besser als Dyrracheni.
Z. B. Cic. ad Att. III 22, 4 (p.
XXVI Baiter).

E.

e, s. ex.

ebenus, s. hebenus.

ebur, nicht ebor.
  Br. 84. Ribbeck prol. in Verg.
  p. 437.

eculeus, besser als equuleus.
  ecul. cod. *Put. Colbert.* Livii
  XXIII 21 extrem. (III p. 776 Alschefski). — eculeus als Folter
  Cic. pro Mil. 21, 57.

edera, s. hedera.

edo, esum, besser als essum.
  Vgl. *Neue,* Lat. Formenl. II 565 f.

edyllium und idyllium.
  Oben § 5 n. 2.

ei (Interjektion), nicht hei.
  Verg. Aen. XI 57. Ribbeck prol.
  p. 421.

eia, s. heia.

eicio, besser als eiicio.
  Br. 199—202. oben § 20 II.

elegans, nicht eligans.
  Br. 144.

elegea und elegia.
  Oben § 5 n. 2. Quintil. I 8, 6
  Halm.

elephas, nicht elephans.
  Br. 267. Horat. ep. II 1, 196
  (Keller zieht ns vor).

elleborus, besser als helleborus.
  Horat. serm. II 3, 82. ep. II 2,
  137 Holder-Keller. Verg. ge. III 451
  Ribbeck. hell. Plaut. Ps. 1185 R.

eluo, eluari, eluatio s. hel-
  luo u. s. f.

emo, emi, emptum, nicht emtum.
  Br. 248. oben § 7 II. C. I. L. I
  p. 579. Handschriftlich z. B. cod.
  Veron. Livii IV 13, 9.

emptio, nicht emtio.
  Vgl. emo. *Br.* 332.

emptor, nicht emtor
  Vgl. emo. C. I. L. I p. 579. *Br.*
  331 f. Horat. carm. III 6, 32 Keller.

epistula = ἐπιστολή, nicht epistola.
  So die zuverlässige Schreibart
  der Inschriften und alten Handschriften (*Fl.* 17). Das Wort hat
den lateinischen Umlaut von o zu
u angenommen. Daſs Cicero epistola geschrieben haben soll, ist
ein Trugschluſs Corssens, der sich
durch die Züricher Ausgabe der
Ciceronischen Briefe (1845) täuschen
lieſs. Der ältere *codex Mediceus* des
11. Jahrhunderts, welcher allein
hier in Betracht kommen kann,
bietet beide Formen; epistula und
epistola (Baiter ed. Lips. IX p. VI
vgl. die Subskriptionen der Bücher:
epistola 1. 2; dagegen epistula
3. 5. 6. 7. 8. 9. 10. 11. 13. 14. 15.
16). Daraus folgt, daſs die spät-
lateinische Form epistola das
echte und durch Inschriften ge-
sicherte epistula selbst in dem
verhältnismäſsig jungen *codex Mediceus* nicht verdrängen konnte. vgl.
Sallust. Iug. 71, 4. 5. Dietsch. Mai
class. auct. II p. 389. Ritschl opusc.
II 493 Anm. C. I. L. III 355 VI 798.
Dagegen

epistolicus = ἐπιστολικός ist
Fremdwort geblieben, während
epistula im Lateinischen. ein-
gebürgert war.

equus, nicht ecus, oder equos.
  § 6 II. 14 n. 1.

era, s. erus.

ercisco, s. hercisco.

eres, s. heres.

erilis, nicht herilis, s. erus.

Erinys, nicht Erinnys.
  Verg. Aen. II 337. 573. VII 447
  Ribbeck.

erus (Herr-), era (Frau des Hauses), *adject.* erilis, nicht herus
  u. s. f.
  Ritschl opusc. II 409. Dafür
  spricht auch die Überlieferung des
  Horaz (carm. II 18, 32. III 27, 63
  Keller-Holder vgl. II p. 404), Cicero (Mai auct. class. I p. 383). Eutyches bei Cassiodor. p. 2313. 9. 19.

Esquiliae, Esquilinus, nicht Ex-
quiliae oder Aesquiliae.
  Die Form Esqu. ist durch den
  Tribusnamen inschriftlich sicher ge-

stellt, Or. 3091; (vgl. fast. consul.
ann. 304 C. I. L. I p. 426 II: esquill-
nus). Die Form exqu. beruht auf
grammatischer Theorie bei Varro
(l. l. V 49), Verrius (vgl. fast. Praen.
Mart. 2: exquilils). — cod. Veron.
Livii III 67, 11. 68, 2. Mommsen
Abhdl. der Berl. Ak. 1868 S. 172.
Aesqu. (cod. Veron. Livii III
66, 5 und Horazhandschriften serm.
I 8, 13. II 6, 63 Holder. vgl. epod.
5, 100. 17, 58 Keller) beruht auf
Verwechslung von ae, e und auf der
Ableitung von aesculus (vgl.
Varro l. c. Müller).

etiamnum, nicht etiannum.
Ribbeck prol. in Verg. p. 430.

evan, evans, evias, evius,
evoe, s. euhan u. s. f.
Euander und Euandrus, Εὔ-
ανδρος, nicht Evander.
Verg. Aen. VIII 100 u. a. Ribbeck. Horat. serm. I 3, 91 Holder;
Luc. Müller.

euhan εὐᾶν (εὐάν), nicht evan,
und besser als euan.
euh. Verg. Aen. VI 517 Ribbeck.
Ovid. Met. IV 15 (euham Goth. 1);
aber euan Priscian VI 29 = I p.
220 H. Lachmann in Lucr. p. 309.

euhans, nicht evans.
Verg. Aen. VI 517 (euhanthis
Med.) Ribbeck.

Euhias, nicht Evias.
Horat. c. III 25, 9 Keller.

Euhius, nicht Evius.
Horat. c. I 18, 9. II 11, 17 Kel-
ler. Cic. pro Flacco 25, 60. vgl.
Lachmann in Lucr. p. 309.

euhoe εὐοῖ, nicht evoe.
Lachmann in Lucr. p. 309. Horat.
c. II 19, 5. 7.

ex vor Vokalen und h; e und ex
vor Konsonanten.
In manchen Redensarten ist vor
Konsonanten eine Form der Präposition vorherrschend; z. B. e re
publica „im Interesse des Staates“,
e regione „gegenüber“, e natura
„der Natur gemäß“ und ex tem-
pore „augenblicklich“, ex sen-
tentia „nach Wunsch“, ex sena-
tus consulto, ex lege „gemäß

dem Gesetz“, neben e lege, und,
wenn ein Epitheton folgt, e lege
(Rupilia, Iulia, neben ex l. R.), ex
parte „zum Teil“, ex professo
„ausdrücklich“, ex me (te, se), ex
meo, tuo, ex und e suo. Diese und
mehrere andere Beispiele stellt Neue
zusammen, Lat. Formenl. II 758 ff.

examen, nicht exagmen (exacmen)
„Schwarm“.
Ribbeck prol. in Verg. p. 420.

exedo, exedi, **exesum,** nicht ex-
essum.
Ribbeck prol. in Verg. p. 445.

exedra und **exhedra.**
Beide Formen sind durch Hand-
schriften überliefert; vgl. Cic. de or.
III 5, 17 (exedr. Baiter ed. Tur.
Ellendt); de fin. V 2, 4 (exhedr.
Baiter); de deor. nat. I 6, 15 (exedr.
Baiter ed. Tur., während die Tauch-
nitzische Edition exhedr. bietet).
— Quintil. XI 2, 20 exedris Halm,
wo Spuren des h überliefert sind.
Vitruv V 11, 2 exedra zweimal
Rose-Müller, wo die Handschriften
zwischen beiden Formen schwanken.
exsedra Or. 3283.

exedrium und **exhedrium.**
Wie exedra. exhadria cod.
Med. Cic. ep. ad fam. VII 23, 3.
exim und exin.
Ritschl opusc. II 455. 459.

eximo, **exemptum,** nicht exem-
tum.
Wie emo. C. I. L. I p. 579. cod.
Veronensis Livii V 51, 4.

existimatio, besser als existumatio.
existumatio ist altertümlicher, aber noch bei Cicero überliefert z. B. cod. Vaticanus Verrin. III
83, 192. vergl. aestumo; existimatio cod. Veronensis Livii IV 15, 1.
Br. 5. 111.

existimo, wie existimatio.
existumas neben existimas
z. B. Cic. de deor. nat. II 29, 73.
existimet de re p. I 20, 23. C. I.
L. III 355. V 5050. VI 877.

exodus, nicht exhodus.
Philol. Anzeiger IV 365.

Exquiliae, Exquilinus, s. Esquiliae.

ex-s ... z. B. exsanguis, besser als exanguis.

Richtig sind beide Formen; aber es entspricht den Grammatikervorschriften und einem häufigen Gebrauche, wenn in den Zusammensetzungen von *ex* und einem mit *s* anfangenden Worte das *s* beibehalten wird. So exsaevio, exscensio, exscindo, exscribo, exsculpo, exseco, exsecror, exsequiae, exsequor, exsicco, exsilio, exsilium, exsisto, exsolvo, exsomnis, exsors, exspecto, exspes, exspiro, exspolio, exspuo, externo, exstimulo, exstinguo, exstirpo, exsto, exstruo, exsudo, exsul, exsulto, exsupero, exsurgo, exsuscito u. a. mit ihren Ableitungen. *Br.* 278—280. 333. vgl. Ellendt zu Cic. de or. I 1, 2 *exstiterunt.* I 39, 177 *exsilium, exsulo,* Osann zu Cic. de re p. I 3, 6 p. 18. Ribbeck prol. in Verg. p. 445 f.

F.

faeles und **feles.**
Wie caepe. Die römischen Grammatiker haben wahrscheinlich **fael.** vorgezogen, da das Wort mit αἴλουρος verglichen und also wohl durch vorgesetztes Digamma irrig erklärt wird. Charis. p. 40, 2 Keil.

faenerator, faeneratrix, nicht **foen.**

faenero, nicht foenero.
Vgl. faenus.

faenile, nicht fenile (foenile).
Verg. ge. III 321 Ribbeck.

faeniseca, faenisex, faenisicia, faenisicium, nicht foen.
Vgl. faenum.

faenum, nicht die plebejische Nebenform fenum; unrichtig ist foenum.
Horat. serm. I 4, 34 Holder. Ebenso **faenarius, faenisex, faenisicia, faenisicium,** nicht die plebejische Nebenform **fen.** C. I. L. I p. 580. 358 (menol. Iun. 12. 13). III p. 805. 826 f. (edict. Diocletiani). *Corssen* I² 327. *Br.* 205.

faenus, faenoris, besser als fenus; nicht foenus.
Br. 103 f. C. I. L. I p. 284 *el.* XXIII (*Corssen* I² 327). Dietsch zu Sallust. Cat. 33, 2. Horat. epod. 2, 4. 67 (fenore, fenerator). ep. I 1, 80. ars 421 Keller.

fames, nicht famis im nom. sing.
Br. 147. 149. oben § 15 n. 3.

farcio, farsi, fartum, nicht farctum, farsum.

Cic. in Verr. II 5, 11 § 27 Zumpt. fartor Horat. serm. II 3, 329 Holder.

Februarius, nicht Febrarius.
Br. 130.

fecunditas, fecundo, fecundus, nicht foecunditas u. s. f.
Z. B. Horat. carm. III 6, 17. 23, 6. serm. II 3, 287 u. a. Keller-Holder. Inschriftliche Beispiele führt Corssen an I² 326. vgl. Gellius XVI 12.

feles, s. faeles und oben § 15 n. 3.

femina, nicht foemina.
Z. B. C. I. L. I p. 580.

femur, nicht femor.
Br. 84. 85. Anm.

fenerator, feneratrix, fenero, s. faenus.

fenile, s. faenile.

feniseca, fenisex, fenisicia, fenisicium s. faenum.

fenum, s. faenum.

fenus, s. faenus.

feria, nicht ferea.
Br. 133.

ferveo, nicht ferbeo.
Br. 239.

fetialis, nicht fecialis.
Cic. de re p. II 17, 31. cod. *Veronensis* Livii IV 58, 1. vgl. *Forcellini.* Jahrb. f. Phil. 77 S. 348.

fetidus, feteo, fetor, besser als foet.
Lachmann in Lucr. p. 271. foet Cic. in Pis. 6, 13. 10, 22.

fetus *substantiv.* und *particip.*,
nicht foetus.
Stamm wie fecundus, z.B. Horat.
carm. III 27, 14. IV 5, 27. c. saec.
31 Keller.
ficticius, nicht fictitius; oben
§ 6 I.
fides und **fidis** „Saite".
Neue, Lat. Formenlehre I 179 f.
Br. 146—149. oben § 15 n. 3.
filix „Farrenkraut", nicht felix,
filex.
Br. 141.
finitimus, besser als finitumus.
finitumus ist die ältere Form,
die sich indessen bis in die Kaiserzeit erhielt; z. B. *cod. Veron.* Livii
IV 12, 9; neben finitimus IV 7,
12. vgl. 17, 6. oben § 17 I.
flagellum, nicht fragellum.
Br. 258.
fluvidus und **fluidus.**
Ribbeck prol. in Verg. p. 448.
foecunditas, foecundus und Ableitungen, s. fecundus.
foedus, a, um und **foedus,** foede-
ris, nicht fedus.
Br. 207. vgl. Keller zu Horat.
carm. III 5, 15. 6, 4. 24, 23. *cod.*
Veron. Liv. III 18, 10. 44, 1 und
22, 4.
foenerator, foeneratrix, foe-
nero, s. faenus.
foenile, foenisex u. verwandte
Bildungen, s. faen.
foenum, s. faenum.
foenus, s. faenus.
foetus, s. fetus.
Forensia und Foresia.
Foresia ist ciceronisch (*Br.*
268).
formica, nicht furmica.
Br. 85.
formidulosus, besser als formidolosus.
Horat. c. II 17, 18. ep. 5, 55;
Keller schreibt formidulosus. Dies

ist eine altlateinische Form: z. B.
bei Plaut. Ps. 824 R. Terent. Eun.
IV 6, 18 (Umpfenbach); vgl. Sallust.
ed. Dietsch II p. 220. Aber in spä-
terer Zeit ist formidolosus, vielleicht infolge des Gleichklangs
mit formido, allem Anschein nach
ebenfalls üblich gewesen. Vgl. Cic.
in Verr. II 5, 1 § 1. pro Cluent. 3,
7. in Pis. 24, 58. Tac. ann. I 62,
andere Stellen bei Corssen Ausspr.
II² 145.
formosus, nicht formonsus.
Die ältere Form formonsus
wurde in der Kaiserzeit aus der Schulgrammatik verdrängt (*Br.* 268); oben
§ 9 III. Vgl. Ribbeck prol. in Verg.
p. 434. Ritschl opusc. II 715.
forsan, forsitan, nicht — am.
Über das Vorkommen von for-
sam, forsitam s. Ritschl opusc. II 570.
fraus, fraudis, nicht frudis u. s. f.
Ribbeck prol. in Verg. p. 420;
vgl. besonders Aen. IV 675.
frenum, nicht fraenum,
nach der feststehenden guten
Tradition. C. I. L. III p. 811—833
(Edict. Diocletiani de pretiis rer.
ven.).
frondosus, wie formosus.
frons, nicht fros oder frus.
Ribbeck prol. in Verg. p. 420.
Dafs Plinius d. ä. fros vorzog, erscheint als eine Eigentümlichkeit
(*Br.* 267).
frustum, nicht frustrum.
Die entgegengesetzte Vorschrift
in der Appendix Probi (*Br.* 272)
geht auf die fehlerhafte Schreibart
von Handschriften zurück. vgl. Ribbeck prol. in Verg. p. 443. Horat.
serm. II 6, 86 Holder.
furvus, nicht die altertümliche
Form forvus.
Keller zu Horat. serm. II 13, 21.
fusus, nicht füssus.
Wie ausus, casus, causa (*Br.* 275).
futtilis, besser als futilis.
Verg. Aen. XI 339. XII 740 Ribbeck; vgl. Ter. Andr. III 5,3 Umpf.,
wo futili *Basilic.*

G.

gaesum, nicht gesum, (γαισός, γαῖσον).
> Verg. Aen. VIII 662. Caes. BG. III 4 u. a.

Gaetuli und Getuli.
> Br. 330. vgl. Sallust. Iug. 18 u. a. Dietsch II p. 223. Horat. carm. I 23, 10. II 20, 15. III 20, 2 Keller,

Gaius, Gai, besser als Gaii.
> Oben § 14 n. 2a, 3. Gai z. B. cod. Veron. Livii III 21, 7; siehe C.

gallinacius oder **gallinaceus,** nicht gallinatius.
> Br. 219; oben § 6 I. z. B. Cic. pro Mur. 29, 61 (gallinacium Monac. 15743. gallinarium Monac. 68).

garrulus, nicht garulus.
> Br. 272. vgl. Horat. ep. I 18, 69 Keller.

Genava Genf, nicht Geneva.
> Caesar BG. I 6, 3. Br. Rhein. Mus. XXIII 8. Mommsen inscr. Helvet. 83. 84.

genetivus, nicht genitivus.
> Die handschriftliche Überlieferung spricht entscheidend für den Kasusnamen genetivus, wie schon Lachmann bemerkt hat (in Lucr. 15 f.). Der Eigenname Genitivos, den Corssen II² 297 citiert (Or. 5749. 189 n. Chr.), beruht auf dem bekannten Umlaut e—i, und kann nichts für den Kasusnamen beweisen. vgl. genetrix (genitor).

genetrix, nicht genitrix.
> Fasti Pinc. Sept. 26, C. I. L. I p. 298 ib. n. 1008. IV 3072. VI 1134 f.; vgl. II 3270. III 3397. Horat. serm. II 3, 133 Holder. Lachmann in Lucr. p. 15. Hübner Jahrb. f. Phil. 77 S. 358. 79 S. 437. Fl. 17. Ribbeck prol. in Verg. p. 420. Das Masculinum lautet genitor.

genitivus, s. genetivus.
genitor, s. genetrix.
gentilicius, nicht gentilitius.
> Br. 219; oben § 6 I.

Getuli, s. Gaetuli.

gilvus, nicht gilbus.
> Br. 239.

girus, s. gyrus.

glaeba und gleba.
> Wie caepe. Horat. carm. III 6, 19. epod. 16, 55. ep. I 14, 39 Keller. Ribbeck prol. in Verg. p. 414. Aen. VII 747. Philol. Anzeiger IV 367.

glis, nicht glir.
> Br. 277.

gloriosus, wie formosus.
> Oben § 9 III.

Gnaeus, s. Cn.

gnarus, üblicher als narus (siehe dieses).

gnatus (Sohn), gnata (Tochter) für das jüngere natus, nata, gehört noch der daktylischen Dichtung unter Augustus an.
> Ribbeck prol. in Verg. p. 420. Horat. ed. Keller-Holder II p. 411. 431. In der ciceronischen Zeit war bereits natus als Particip von nascor üblich (C. I. L. I p. 587. vgl. Osann zu Cic. de re p. III 35, 47 p. 297 f.).

Gracchus, nicht Graccus.
> Br. 282 f. 290.

Graius, Grai, siehe oben § 3 n. 2. § 14 n. 3.

gratiis und gratis.
> Bei Plautus und Terenz nur dreisilbig (Ritschl opusc. II 603. Bentley zu Ter. Ad. IV 7, 26), in der klassischen Zeit drei- und zweisilbig. Neue, Lat. Formenlehre II 672. Zumpt zu Cic. in Verr. II 4, 9 § 19. vgl. ingratis.

grunnio, nicht grundio.
> Br. 271.

gutus, nicht guttus.
> Horat. serm. I 6, 118 Holder.

gyrus, (γῦρος), nicht girus.
> Br. 126.

H.

Hadria, Hadriacus, Hadrianus, Hadriaticus, nicht Adr.
Horat. ed. Keller-Holder I p. 257. II p. 412. Verg. Aen. XI 405 Ribbeck. C. I. L. IX p. 480.

Hadrumetum, Hadrumetinus, nicht Adr.
C. I. L. I 200, 79. VIII p. 14. 1092. Sallust. Iug. 19, 1. Nepos Hann. 6, 3. 4.

haedilia und

haedus, nicht hoedus, aedus, edus.
aedus ist eine nicht klassische Nebenform; edus ist bäuerisch. Quintil. I 5, 20. Br. 205. 282. 284. vgl. Ribbeck prol. in Verg. p. 422. Horat. carm. I 4, 12. 17, 9. u. a. Keller (vol. I p. 257).

Halaesa, nicht Halesa, Alesa, Alaesa.
C. I. L. X p. 768. Hales. Cic. Verr. II 2, 7 § 19. 65 § 156. 3, 6 § 13 (Zumpt). 83, 192; u. a. vgl. Ἄλαισα, Halaesus.

Halaesus, nicht Halesus.
Verg. Aen. VII 724. X 352. 411 ff. Ribbeck.

halica, s. alica.

Halicarnasus und Alicarnasus, mit einfachem s.
Die nicht aspirierte Form ist überliefert z. B. bei Cic. Tusc. III 31, 75. Nepos Lys. 3, 5. Tac. ann. IV 55.

halucinor, ari s. alucinor.

Hamilcar = Ἀμίλκας, nicht Amilcar; wie Hannibal.

Hammon, besser als Ammon.
Verg. Aen. IV 198 Ribbeck; vgl. prol. p. 421. Nepos Lys. 3, 2.

Hannibal = Ἀννίβας, nicht Annibal.
Ellendt zu Cic. de or. II 18, 75 u. a.

Hanno = Ἄννων, nicht Anno; wie Hannibal.

harena, besser als arena, welche Form jedoch auch antik ist.
Br. 284. 288. 314. z. B. Horat. carm. I 28, 1. 23. ep. I 1, 6 u. a. Keller. Ribbeck prol. in Verg. p. 422. Cic. de re p. I 17, 29.

harenosus, besser als arenosus oder harenonsus.
Vgl. harena. Br. 267. z. B. Sallust. Iug. 48, 3. 79, 3, wo das h in den Handschriften nicht durchgängig erhalten ist.

hariola, hariolatio, hariolus und ariola, ariolatio, ariolus, hariolor und ariolor.
Cic. de div. I 31, 66 (har. und ar.) 58, 132 (har.) Christ. Plaut. Mil. 692. Most. 571 ar. Ritschl.

harundo, besser als arundo.
Ribbeck prol. in Verg. p. 422.

haruspex, besser als aruspex, arespex.
Br. 123. vgl. 283. 314. Ribbeck prol. in Verg. p. 421.

Hasdrubal = Ἀσδρούβας, wie Hannibal.
Z. B. Horat. carm. IV 4, 38. 72.

haud und haut.
Die erstere Form ist in der Schulgrammatik gewöhnlich. Br. 252. Über haut s. Dietsch zu Sallust II p. 227.
Vor Konsonanten auch hau. Br. 253; oben § 8 (Fl. 18. C. I. L. I p. 581). Ribbeck prol. in Verg. p. 397. 425. Horat. epod. 1, 32 Keller; serm. II 1, 39 Holder. vgl. den index (II p. 412). cod. Veron. Livii III 57, 7. 64, 1. IV 12, 8. u. a.

haveo und aveo; ersteres soll nach Quintilian (I 6, 21) gesprochen werden.
Br. 284. C. I. L. I 1072. IV p. 239. C. I. Rh. 1153. Horat. serm. I 1, 94. 4, 87. II 4, 1. 6, 99 Holder.

hebenus, besser als ebenus (ἔβενος und ἔβενος).
Z. B. Verg. ge. II 117 Ribbeck (prol. p. 421). Ovid M. XI 610: die Handschriften schwanken zwischen beiden Formen. So auch im Plinius, wo Sillig hebenus schreibt. Über ἔβενος thes. Gr. ed. Dindorf.

hedera, besser als edera.
Ribbeck prol. in Verg. p. 421. 422. 385. Horat. carm. I 1, 29 u.a.ep.

I 1, 25 Keller. Or. 6140. Festus Pauli hat jedoch edera unter E p. 80 M. heia (Interjektion) und eia. Verg. Aen. IV 569 Ribbeck (prol. p. 421). Horat. serm. 1 1, 18. II 6, 23 Holder. eia cod. Voss. Auson. ephem. *parecbasis 1.*

heiulo, heiulatio, nicht eiul. Horat. epod. 10, 17 Keller. Eutyches p. 2312, 10; vgl. Varro l. l. VII 103.

Heliopolis und Heliupolis (Ἡλιούπολις). Cic. de deor. n. III 21, 54. *Neue,* Lat. Formenlehre 1 131; vgl. *Br.* 177. C. I. L. VI 423.

helleborus, s. elleborus.

hēlluo, hēlluatio,

hēlluor (besser als heluor) und elluor; letztere Form ist jünger, gehört aber spätestens dem 2. Jahrh. n. Chr. an.

hell. ist überliefert Cic. de prov. cons. 6, 14. in Pis. 10, 22. pro Sest. 52, 111. de fin. III 2, 7. heluato Ribbeck in Verg. cat. 5, 11. elluari war in der Zeit des Gellius schon lange vorhanden (II 3), aber doch wohl erst nach Augustus allgemeiner gebräuchlich; denn Festus Pauli sagt: heluo 'ab eluendo, cui aspiratur, ut aviditas magis exprobretur' (Müll. p. 99). vgl. Rhein. Mus. VIII 296.

Helotae, s. Hilotae.

helus, s. holus.

Henna, nicht Enna, in Sicilien. C. I. L. I 520 Mommsen. Cic. Verr. II 2, 65 § 156 Zumpt; 3, 83 § 192 u. a.

Heraclea und (jünger) Heraclia, Name mehrerer Städte. Oben § 5 n. 2. vgl. Cic. Verrin. II 2, 50 § 125, wo Heracleae *cod. Vat.* — pro Archia 4, 6 ff. Aber Heraclienses *codd. Gemblac.* = *Brux. 5352, Erfurt. Schol. Ambros. Mai* „ubique", Baiter zu Cic. pro Arch. *ed. Tur. 2* p. 788, 14. Verr. II 2, 50 § 125 (Zumpt); vgl. II 5, 33 § 86; und den Namen: Heraclius *cod. Vat. Verrin.,* neben Heracleus *cod. Lagom.* 29 (u. 42) B

(*Paris 7776*) z. B. Verrin. II 2, 14 § 35. 27 § 65 (Zumpt) u. a.

herbosus, wie formosus. *Br.* 268; oben § 9 III.

hercisco und ercisco. *Br.* 283. Ellendt zu Cic. de or. 1 56, 237. Festus Pauli hat das Wort unter E p. 82 M.

Herculaneum, besser als Herculanium, nicht Herculanum; aber *adject.* Herculanensis. Vgl. C. I. L. I 571. X p. 156. Vell. II 16, 2.

here (*gestern*) im Zeitalter Quintilians; heri schrieb Augustus. Holder zu Horat. serm. II 8, 2. vgl. Luc. Müller d. r. m. 334. *Neue,* Lat. Formenlehre II 685.

hereditas, wie heres.

heres, nicht eres. Die letztere Form kommt im Altertume auch vor, ist aber weniger schriftgerecht. *Br.* 283. 314. C. I. L. 1 p. 581 u. oft in Inschriften. Handschriftlich z. B. *cod. Vatic.* Cic. Verr. II 1, 42 § 107. 43 § 110 u. s. f. hereditas ib.

herus, s. erus.

Hiber, Hiberes,

Hiberia,

Hiberus, nicht Iberus. *Fragm. Palat.* Liv. XCI p. 4a: Hiberum amnem. — Ribbeck prol. in Verg. p. 421. Horat. carm. I 29, 15. II 20, 20. IV 5, 28. 14, 50. epod. 4, 3. 5, 21 Keller. serm. II 8, 46 Holder. Mon. Anc. V 53. C. I. Rh. 484. C. I. L. II 2660b. u. a.

hice, s. oben § 18 I.

hiems, besser als hiemps. Die letzte, physiologisch begründete und bei den klassischen Schriftstellern vorkommende Form wurde von der Schulgrammatik der Kaiserzeit zurückgedrängt. *Br.* 249 s. oben § 7 II. vgl. Keller zu Horat. carm. I 4, 1. epod. 2, 51.

Hilotae = εἵλωται und Ilotae. Nepos Pausan. 3, 6 Halm. Livius XXXIV 27, 9; oben § 5 n. 2.

hircus, nicht ircus oder hirquus. *Br.* 284. Die Form ircus kommt ebenfalls vor, erschien aber zu Quintilians Zeit als altertümlich (*Br.* 282). vgl. Horat. serm. I 2, 27. 4, 92. ars 220 (Holder, Keller). Ribbeck prol. in Verg. p. 443.

Hirpini, nicht Irpini.
Livius XXII 61, 11 Alschefski u. a.

Hispallus, nicht Hispalus.
C. I. L. I 39.

Hister ="Ιστρος, besser als Ister.
Ribbeck prol. in Verg. p. 421.
Nepos Milt. 3, 1 Halm.

Histria, besser als Istria.
C. I. L. II 2643; andere Beispiele bei Corssen I² 106.

holitor, holitorium, s. holus.

holus, besser als olus; nicht das altertümliche helus.
Br. 102. Ribbeck prol. in Verg. 421. Horat. ed. Keller-Holder (II p. 413). vgl. Holitor C. I. L. I 1057. holitorium fast. Vall. Aug. 1 (ib. p. 320). Henzen Scavi p. 86.

honor und honos.
Vgl. *Br.* 277; oben § 15 n. 2. C. I. L. I p. 581. Horat. ed. Keller-Holder II p. 413. Ellendt zu Cic. de or. I 54, 232. Osann zu Cic. de re p. I 34, 53. Cic. in Verr. II 3, 16 § 43 Zumpt. *cod.* Veron. Livii V 50, 7 honosque.

hora, nicht ora.
Ribbeck prol. in Verg. p. 422.

hordeum, nicht ordeum und nicht hordium.
Z. B. Verg. ecl. V 36. Quintil. I 5, 16. Die Bauernkalender C. I. L. I p 359 *Jul. Nov.* Vel. Longus 2238, 45. Scaur. 2250, 39. 2258, 45. 'notatur ordeum' Eutyches p. 2313, 33. (Corssen Ausspr. I² 100. 107).

hortus, nicht ortus.
Br. 283.

humerus, s. umerus.

humidus, s. umidus.

humo -are und

humus, nicht umo, umus.
C. I. L. I 1418. Ribbeck prol. in Verg. p. 422. Horat. carm. III 2, 24. ars 110 u. a. Keller (vol. I p. 259).

humor, s. umor.

Hyacinthus,

hydra,

Hylas,

Hyllus,

hymenaeus,

Hymettus,

hymnus,

Hypnos und die übrigen, griechisch mit v beginnenden Worte erhalten ihr *h* im Anfange.
Br. 284 f.

I.

i gilt als Vokal und als Konsonant; s. oben § 2.

iacio in Zusammensetzungen s. oben § 20 II.

iamdudum, nicht iandudum.
Cic. de re p. II 40, 67 (vgl. Osann hierzu p. 236). Ribbeck prol. in Verg. p. 430. vgl. Jahrb. f. Phil. 89 S. 834.

Iberus, s. Hiberus.

idcirco und iccirco.
Ellendt zu Cic. de or. I 26, 118. 50, 216. idcirco *cod. Vat.* Verrin. II 2, 24 § 59. Horat. serm. I 4, 45. ep. I 1, 29 u. a. Holder, Keller.

idem, s. oben § 18 II.

identidem, s. oben § 9 II.

idyllium, s. edyllium.

iecur, nicht iecor, iocur; regelmäfsiger Genetivus: iecoris (*Nebenformen: iocineris, iccineris, iocinoris*).
Br. 105. vgl. Ribbeck prol. in Verg. p. 437. Ritschl opusc. II 443. *Neue,* Lat. Formenlehre I 581.

Ilerda, nicht Hilerda.
C. I. L. II p. 752. Horat. ep. I 20, 13 Keller.

ilico, nicht illico.
Sallust. Iug. 108, 2 Dietsch. vgl. Ritschl zu Plaut. Trin. 608.

Illyrii, Illyricus, nicht Hillyr.

Br. 314. acta triumph. a. 526
C. I L. I p. 458. II p. 752. III p. 279.
Inlyrico fast. Ant. Aug. 3 (C. I.
L. I p. 328 ist wohl ein Fehler des
Steinmetzen).

Ilotae, s. Hilotae.

imb..., nicht inb... in Compositis; siehe oben § 20 I n. 7.

imbecillus, nicht imbecillis.
Madvig zu Cic. de. fin. V 24, 71.

imm.., nicht inm.. in Compositis;
siehe oben § 20 I n. 7.

immo, nicht imo.
Osann zu Cic. de re p. VI 14,
14. Ellendt zu Cic. de or. II 63, 256.
z. B. Horat. serm. I 3, 20 Holder.
Ribbeck Partikel 6.

imp.. in Compositis, nicht inp..
s. oben § 20 I n. 7.

inclitus und inclutus, nicht in-
clytus.
Ribbeck prol. in Verg. p. 452.
Horat. serm. II 3, 197 (inclitum)
Holder. vgl. linter.

incoho und (weniger gut) inchoo,
nicht incoo.
Br. 291—293; oben S. 20. Osann
zu Cic. de re p. I 35, 55 p. 111.
Ribbeck prol. in Verg. p. 122. Horat.
carm. I 4, 15 Keller.

incolumis, nicht incolomis.
Z. B. Horat. serm. I 4, 98. 119
Holder. Tac. ann. I 18 u. a.

increbresco, nicht increbesco, s.
percrebresco.
Horat. serm. II 5, 93 Holder.

incusare, nicht incussare. vgl.
causa- und oben § 10.
Ribbeck prol. in Verg. p. 445.

indutiae, nicht induciae.
Fl. 19. cod. *Veron.* Livii IV 34, 2.
V 32, 5.

infitiae, infitiatio, infitiator,
infitior, nicht infic.
Ellendt zu Cic. de or. II 25, 105.
z. B. Quintil. XII 10, 74 Halm.

ingratis und ingratiis.
ingratis cod. *Vat.* Cic. in Verr.
II 4, 9 § 19. ingratiis Cic. pro Tullio § 5 (Beier p. 12). codd. *Nepotis*
Them. 4, 4 (aufser *M:* ingrati),

wo ingratiis *Halm.* vgl. Ritschl
opusc. II 603. *Neue,* Lat. Formenlehre II 672.

inicio, besser als iniicio, s. oben
§ 20 II.

inl. in Compositis, besser als ill.
s. oben § 20 I n. 7.

in primis, inprimis, imprimis.
Ellendt zu Cic. de or. I 40, 184.
III 5, 17; u. vol. II p. 214. Cic. de
re p. I 15, 23. C. I. L. II 1182, 9.

inr. und irr. in Compositis, z. B.
inriguus, irriguus, oben § 20 I 7.

insumo, insumpsi, wie sumo.

intellegentia, nicht intelligentia.
Cic. de re p. IV 1, 1 Osann p. 312.

intellego, nicht intelligo.
Br. 145. *Fl.* 19. vgl. Dietsch zu
Sallust. vol. II. p. 248. Ellendt zu
Cic. de or. I 3, 12 u. a. Horat. ep.
I 9, 1 Keller.

intemptatus, vgl. tento, tempto.
Horat. carm. I 5, 13. ars 285
Keller.

interemptio, nicht interemtio.
Vgl. interimo.

interimo, interemi, interemptum,
nicht interemo, interemtum.
Br. 305. Ribbeck prol. in Verg.
p. 416. Holder zu Horat. serm. II
3, 131; siehe *emo.*

internecio, besser als internicio.
internecio Sallust. *ep. Pompei
ad sen.* 9. Cic. ad Att. II 20, 3.
Liv. IX 26, 2 u. a. Curt. IV 11, 18
Hedicke. Priscian. IV 8 (I p. 122,
3 *H.*). internicio Nepos Eum. 3.
vgl. Tac. ann. II 21.

intibus, intibum (Cichorie), nicht
intub., intyb.
Ribbeck prol. in Verg. p. 176.

intimus, nicht das altertümliche intumus.
Br. 108. 111; oben § 17 I.

inverto, nicht invorto.
Vgl. *verto.* invorto Verg. ge.
I 65 (Ribbeck prol. p. 436). vgl.
die Beispiele bei Horaz ed. Keller-
Holder I p. 263. II p. 419.

inunguo, wie unguo, nicht inungo.
Horat. ep. I 1, 29 Keller.

ircus, s. hircus.

Irpini, s. Hirpini.

is dekliniert, s. oben § 18 II.

Ister, Istria, s. Hister, Histria.

iucundus, nicht iocundus.
Cic. Verr. II 1, 43 § 112 *cod.*
Vat. de fin. II 4, 14. vgl. Osann
zu Cic. de re p. I 1, 1 (p. 7). Sallust. Iug. 85, 41 Dietsch. Ribbeck
prol. in Verg. p. 437. Horat. ed.
Keller-Holder I p. 263. II p. 420.
C. I. L. I p. 1008. 1038 u. oft.

Iudaea, nicht Iudea.
Br. 330.

iugulus, nicht iuglus.
Br. 130.

iuniperus, nicht iunipirus.

Br. 142. vgl. Ribbeck prol. in
Verg. p. 427.

Iuppiter, besser als Iupiter.
Horat. ed. Keller-Holder I p.
263. II p. 420. *cod. Veron.* Livii III
19, 10. 61, 5. V 50, 4. vgl. Corssen
Ausspr. I² 211.

ius, *dat.* iuri; aber in der Formel
iure dicundo geht der Dativ auch
noch in der Kaiserzeit auf die
alte Endung *e* aus, neben welcher
sich ebenfalls iuri dicundo
findet.
Br. 325. *Neue,* Lat. Formenlehre
I 193.

iuventus, nicht iventus.
Analog iuvare; oben § 4. iventus *cod. Veron.* Livii III 65, 5.

K.

K ist Abkürzung für Kaput,
„Kapital" oder „Kaput legis";
für Kaeso; für Kalendae; für
Kalumnia.
Einige andere, nicht allgemein
übliche Abkürzungen s. *Br.* 212.
210. vgl. Ribbeck prol. in Verg. p.
429. Horat. ed. Keller-Holder II p.
421. *cod. Vat.* Verrin. II 1, 42 § 109.
Fasti im C. I. L. I p. 301 ff.
Kaeso und Caeso, s. K.
Caeso *cod. Veron.* Livii III 11,
6. 9 u. s. f.

Kalendae, besser als Calendae.
Br. 211. CALENDAE fast. Praen.
Jan. 1. 2. 14. In der Abkürzung ist
K anzuwenden (nicht Kal., was erst

seit Commodus häufiger wird). vgl.
cod. Veron. Livii VI 1, 11; dagegen *ib.* 12. V 9, 1.

Kalumnia, statt calumnia, kann in
juristischen Ausdrücken geschrieben werden (*Br.* 208 ff.).

Kaput kann in der Bedeutung
„Kapital" und „Kapitel" (oder
„Paragraph") geschrieben werden.
Br. 212. Kapite puniendos schreibt
der alte Komment. zu Cic. pro Sextio, Mai class. auct. II 144.

Karthago und Carthago; siehe
oben Carthago.
Br. 211. Osann zu Cic. de re p.
430—432. C. I. L. VIII p. 133. 1090.

L.

labes, siehe oben § 15 n. 3.

labor, lapsus, nicht labsus.
Br. 243—248. vgl. Ribbeck prol.
in Verg. p. 390.

lac und lacte, nicht lact.
Br. 256. vgl. Ribbeck prol. in
Verg. p. 430. Ritschl opusc. II 570 ff.

lacrima, nicht lacruma, lachrima, lachryma.

Br. 118. vgl. Ellendt zu Cic. de
or. I 34, 157. *cod. Veron.* Livii V
7, 11. VI, 3, 5. Ribbeck prol. in Verg.
p. 450. Horat. ed. Keller-Holder I
p. 264. II p. 421.

lacuna, nicht lucuna.
Über das Vorkommen der umgelauteten Form luc. vgl. Ribbeck
prol. in Verg. p. 430.

lagoena und lagona, nicht lagena.

Horat. serm. II 8, 41. 81. ep. II 2, 134 Holder, Keller. *Fl.* 20. Jahrb. f. Phil. 93 S. 12. Oben S. 20.

lāmina, synkopiert **lamna**, und **lāmmina**.

Z. B. Ovid M. V 173. XII 488. Horat. carm. II 2, 2.

lammina Verg. ge. I 143 Ribbeck (prol. p. 430).

lancea, nicht lancia.

Br. 133.

lanterna, besser als laterna.

Bücheler und Schmitz, Rhein. Mus. XVIII 393. XIX 301. Philol. Anzeiger III 269.

Laodicea *Λαοδίκεια*, oben § 5 n. 2.

Z. B. Cic. ep. fam. XII 15, 7.

Acca **Larentia**, nicht Laurentia.

Fast. Praen. Dec. 23 = C. I. L. 1 p. 307. 319. 409. Becker-Marquardt R. Alt. IV 408.

lateralis, nicht lateraris.

Br. 257.

laterculus, besser als latericulus.

latericulus Caes. b. civ. II 9 (II p. 75, 4 Dübner). laterculus schon Plautus (Poen. I 2, 115).

latericius, nicht lateritius (oben § 6 I).

lavo, **lautus**, besser als lotus.

Br. 206. z. B. Horat. serm. II 3, 282 Holder.

lauretum und **loretum**.

Letztere Form Fast. Vall. Aug. 13.

lautumiae, nicht latomiae.

Die Beweisstellen über die römischen Lautumiae siehe bei Becker R. Alt. I S. 262—269. vgl. Jahrb. f. Phil. 91 S. 229.

legitimus, nicht das altertümlichere legitumus.

Br. 108. 315; oben § 17 I.

lepor und lepos; die erste Form ist vorzuziehen.

Br. 45. 277; oben § 15 n. 2.

letum, nicht lethum.

Z. B. Horat. carm. I 3, 33 Keller. serm. II 6, 95 Holder (vol. I p. 265).

lēvis, nicht laevis.

Z. B. Horat. carm. I 2, 38. 17, 12 u. a. Keller.

libet, libens, nicht das ältere lubet, lubens.

Br. 118. vgl. Ellendt zu Cic de or. II 73, 295. Osann zu Cic. de re p. I 9, 14 p. 36. *cod. Veron.* Livii V 51, 2 **libenter**. Beispiele aus Horaz ed. Keller-Holder II p. 423.

libido, nicht lubido, wie libet.

Br. 83. 108 f. 118. z. B. Horat. serm. I 2, 33 Holder u. a. (II p. 423). Liv. III 44, 1 u. s. f. *cod. Veron.*

lilium, nicht lileum.

Br. 136. 194.

lingo, nicht linguo.

C. I. L. IV p. 243.

linter und **lunter**, nicht lynter.

Bücheler, Rhein. Mus. XI 297. *Fl.* 20. *Br.* 124. 126. Horat. serm. I 5, 20. ep. I 18, 61 Holder, Keller.

linteum, nicht lintium.

Br. 136.

Liris, siehe oben § 15 n. 4.

lis ist die herrschende Form der klassischen Zeit. In dem rechtlichen Ausdruck stlitibus. iudicandis kann man aber noch die alte Form (stlis, nicht sclis) anwenden.

Vgl. *Br.* 214.

littera, besser als litera.

Cic. de re p. I 9, 14. *cod. Veron.* Livii III 56, 13. *fragm. Pal.* XCI p. 3a. C. I. L. IV 1891 (vgl. I p. 584). Henzen Scavi p. 65, 28. 70, 23. 75, 66 und sonst auf Inschriften. vgl. Rhein. Mus. VIII 229.

litterula, wie littera.

Horat. ep. II 2, 7 Keller.

litus, nicht littus.

Cic. de re p. I 17, 29 (Osann p. 69). Verg. Aen. III 75 Ribbeck. Horat. serm. II 3, 205 Holder. Quintil. XII 10, 19 Halm. Hübner, Jahrb. f. Phil. 77 S. 363.

locusta und **lucusta**.

loc. Varro de r. l. VII 39. Die Handschriften schwanken zwischen beiden Formen z. B. im Plinius, wo Sillig locusta schreibt. Die Giftmischerin im 1. Jahrhundert heifst

Locusta bei Tac. ann. XII 66.
XIII 15. Iuvenal. I 71 *Pith. cod.*
Vind. 107 (luc. *schol. Paris. 7900*).
Lucusta bei Sueton Ner. 33 Roth.
Λουκοῦστα Dio epit. LXIV 3, 4.
loquela, nicht loquella.
Br. 259. vgl. Ribbeck prol. in
Verg. p. 429.
loquor, **loquuntur, locutus.**

§ 6 II. § 19 I.
lubet, s. libet.
lubido, s. libido.
lucusta, s. locusta.
lues, nicht luis.
Br. 147. oben § 15 n. 3.
lunter, lynter s. linter und
oben S. 20.

M.

maereo, nicht moereo; vgl. maeror, maestus.
Cic. de re p. II 37, 63 Osann
p. 233. Horat. carm. II 4, 16. ep. I
14, 7 Keller u. a. (I p. 267).
maeror, nicht moeror.
Horat. ars 110 Keller. C. I. L.
I 1202.
Maesius, nicht Mesius.
Br. 205.
maestitia, nicht moestitia, s.
maestus.
Liv. III 43, 7 *cod. Veron.*
maestus, nicht moestus.
cod. *Veron.* Livii V 43, 7. Ellendt
zu Cic. de or. II 47, 195. Horat.
carm. II 1, 13. 3, 5. serm. I 2, 3.
5, 93. ars 105 Keller, Holder.
magno opere und **magnopere.**
Ellendt zu Cic. de or. I 35, 164.
II 77, 310. Osann zu Cic. de re p.
I 8, 13 p. 34.
Maia, nicht Maiia.
Maiia ist in der Aussprache zwar
begründet und kommt oft genug
vor, aber die Schulgrammatik hat
es zurückgedrängt. *Br.* 184 f. oben
§ 3 n. 2.
malacisso = μαλακίζω.
Br. 281.
maledictum und **male dictum.**
maledicus, besser als malidicus.
maleficus, besser als malificus.
malevolentia, besser als malivolentia.
malevolus, besser als malivolus.
Die ersteren Formen mit *le* sind
in der Schulgrammatik vorgezogen
worden. vgl. beneficus, bene-

volus. *Br.* 179. Ellendt zu Cic. de
or. II 17, 72. Ritschl opusc. II 562 f.
malivolentia Sallust. Cat. 3, 2.
12, 1. vgl. malificia 52, 4. Iug. 31,
28. malificus Iug. 17, 6 Dietsch.
malo, malle, nicht mallo.
Br. 262. Ribbeck prol. in Verg.
p. 429.
manceps, **mancipis,** nicht das
altertümlichere mancupis.
Ebenso
mancipium, nicht mancupium.
Br. 122 f. mancup. ist noch
augusteisch; Keller zu Horat. ep.
I 6, 39. II 2, 159. vgl. serm. I 7, 3
Holder. Dagegen mancipiorum
Sallust. Iug. 44, 5 Dietsch.
manibiae und **manubiae.**
Br. 109. 119 ff.
manifestus, nicht das altertümliche manufestus.
Verg. Aen. III 151 Ribbeck.
manufestus bei Sallust. z. B. Iug.
33, 4 Dietsch. (vgl. vol. II p. 269).
manipretium und **manupretium,**
neben **manus pretium.**
Br. 111 Anm. (Mar. Vict. ed.
Keil p. 10, 25). manupr. Cicero in
Pis. 24, 57. vgl. in Verr. II 1, 56
§ 147, wo manispraetium *cod. Vat.*
manubiae, s. manibiae.
manupretium, s. manipretium.
Marcomani und (später) **Marco-
manni.**
-mani Caes. BG. I 51. Tac. ann.
II 46 u. a. Mon. Anc. VI 3. -manni
Fast. Philocali *Iul. 30* = C. I. L. I
p. 346. Script. hist. Aug. an vielen
Stellen. Philol. Anzeiger III 267.
Analog Alamanni.

maritimus, nicht maritumus.
Br. 109; oben § 17 I.
marmor, nicht das vereinzelte
marmur; *gen.* marmoris.
Br. 84.
Marsyas, nicht Marsuas.
Br. 204.
Masinissa und Massinissa.
Masin. Cic. de re p. VI 9, 9;
vgl. hierzu Osann p. 360. Sallust.
Iug. 5 u. a. Dietsch. Mäs. Silius
XVI 117. Mass. C. I. L. I 200, 81.
materia und materies; im
Plural besser nach der
ersten Deklination.
Br. 76. Über den Singular:
Ellendt zu Cic. de or. I 3, 10.
Mauretania, nicht Mauritania.
Sallust. Cat. 21, 3 Dietsch. In-
schriftlich z. B. C. I. L. II 1120.
III 5212 ff. C. I. Rh. 163.
maximus, nicht maxumus.
Br. 108 ff. 321; oben § 17 I.
Megalensia und Megalesia.
Br. 268. Megalensia Fast.
Praen. April 4.
membranacius und membra-
naceus, nicht membranatius.
Br. 219; oben § 6 I.
mensor, nicht mesor.
Br. 267.
mercennarius, nicht mercenarius.
Horat. serm. II 6, 11. ep. I 7,
67 Holder, Keller. vgl. *cod. Veron.*
Livii V 4, 8. Quintil. XII 1, 25.
Dagegen *cod. Vat.* Verrin. II 1, 43
§ 111 (II 1 p. 163. 449 *ed Tur.*
vgl. *ib.* 5, 21 § 54 p. 397). *Fl.* 20.
Messalla, besser als Messala.
Keller zu Horat. ars 371. vgl.
serm. I 10, 85 und 6, 42 Holder.
Mettus und Mettius, nicht
Metus, Metius (Name des Alba-
ners, vgl. Livius I 23 f.).
Μέττος Dionys. vgl. Ritschl zu
Quint. I 5, 12 im Rhein. Mus. XXII
602. Vergil. Aen. VIII 642 Ribbeck.
Mezentius, nicht Mezzentius.
Br. 281 f. vgl. Ribbeck prol. in
Verg. p. 453.
mille *plur.* milia, besser als millia.

Br. 260 f. 332. *cod. Veron.* Livii
III 13, 8. 20, 7 u. a. V 32, 3. *fragm.*
Pal. XCI p. 2b. millia, millia-
rius kommt auch vor und ist inschriftlich wie handschriftlich bezeugt. vgl. Ribbeck prol. in Verg.
p. 429. Horat. ed. Keller-Holder II
p. 428. milliarium Fast. Praen.
April 25. Amit. Jun. 24. = C. I. L.
I p. 317. 323.
millies und milies, besser als
milliens, miliens.
Br. 269; oben § 17 ll. miliens
cod. Veron. Livii V 4, 13.
minimus, nicht minumus.
Br. 109. 111; oben § 17 I.
misceo, mixtus, besser als
mistus.
xt Horat. ed. Keller - Holder.
Verg. Aen. VII 661 Ribbeck. Sallust. Iug. 57, 5. Cic. Tusc. V 15,
45. vgl. admixtis *cod.Veron.* Livii
III 57, 9. permixtus Verg. Aen. X
238, wo permis(tus) *Veron.*
mitulus, besser als mytilus,
mitylus.
Hor. serm. II 4, 28 Holder. Die
griechische Form μυτίλος (μίτλος)
ist der latein. Sprache ungenau entnommen.
moles, siehe oben § 15 n. 3.
monumentum und monimentum.
Erstere Form ist gebräuchlicher.
Br. 108. 119. Osann zu Cic. de
re p. II 14, 26 (p. 181). *cod. Veron.*
Livii IV 10, 6 monum. Ribbeck
prol. in Verg. p. 450. Horat. carm.
I 2, 15. III 30, 1 Keller. serm. I 8,
13 Holder.
Mucius, nicht Mutius.
Über die schlechte Schreibart
der Handschriften mit *t:* Ellendt zu
Cic. de or. I 23, 105. 25, 113. Vgl.
die Namenregister des C. I. L.
mūcus und mūccus.
Catull. 23, 17. cc Plaut. Most.
1109 R.
mulctrum, nicht multrum.
Horat. epod. 16, 49 Keller.
multa, nicht mulcta.
C. I. L. I p. 586. vgl. Osann zu
Cic. de re p. II 9, 16 p. 171 f.
multaticius: s. oben § 6 I.

multo, -are, nicht mulcto.
  cod. Veron. Livii III 67, 5.
multotiens, besser als multoties.
  Br. 269; oben § 17 II.
mundities, munditia, nicht mundicies, -cia.
  Horat. carm. I 5, 5. ep. II 1, 159
  Keller. *Br.* 218.
murena, nicht muraena.
  Horat. serm. II 8, 42 Holder.
murra ist die lateinische Form
  für μύρρα, nicht myrrha.
  Z. B. Verg. Aen. XII 100 Ribbeck. Ebenso murreus Horat. carm.
  III 14, 22 Keller. Der Flufsspat
  heifst auch murra, nicht myrrha,
  murrha.

murreus, s. murra.
murtetum und **myrtetum**.
  Horat. ep. I 15, 5 Keller. vgl.
  Verg. ge. II 112 Ribbeck.
myrrha, myrrheus, s. murra.
myrteus, s. myrtus.
myrtum, nicht murtum.
  Br. 204; vgl. Verg. ge. I 306
  Ribbeck.
myrtus, nicht murtus; ebenso
  myrteus.
  In der augusteischen Zeit trat
  die echt lateinische Schreibart murt.
  gegen die gräcisierende myrtus (μύρτος) zurück, ohne sie ganz zu verdrängen. Vgl. Verg. Aen. VI 443
  Ribbeck, und dessen prol. p. 453.

N.

nae, s. ne.
naenia, s. nenia.
namque, nicht nanque.
  Br. 265. z. B. Hor. serm. I 3, 36
  Holder u. a. vgl. C. I. L. II 1293, 5.
nanciscor, **nactus**, besser als
  nanctus.
  Br. 270. Cic. de re p. I 9, 14.
  10, 16 (p. 43 Osann). *cod. Veron.*
  Livii III 64, 6. nanctus *fragm.*
  Vat. Sall. IIIb 10 (Hermes V 404).
  Ribbeck prol. in Verg. p. 434. Horat.
  c. III 11, 41. ep. I 15, 38 Keller.
narratio, **narrare**, nicht naratio,
  narare.
  Br. 272; vgl. Osann zu Cic. de
  re p. I 4, 8 (p. 26). Bücheler, Jahrb.
  für Phil. Bd. 105 S. 118.
narus und (üblicher) **gnarus**.
  Cicero or. 47, 158 hält narus für
  die echte Form. In den ciceronischen
  Handschriften findet sich gnarus
  z. B. or. 4, 14. Brut. 64, 228. vgl.
  Osann zu Cic. de re p. III 35, 47
  p. 297 f. *Br.* 272.
natus, s. gnatus.
naviter, s. navus.
nausea und **nausia**.
  Keller zu Horat. epod. 9, 35.
navus, besser als die ältere Form
  gnavus.
  Horat. ep. I 1, 24. 6, 20. 18, 90

Keller. Osann zu Cic. de re p. III
  35, 47 p. 298.
ne Versicherungspartikel, nicht
  nae.
  Schon Lambinus bemerkt: 'omnes libri veteres habent hanc particulam sine diphthongo scriptam.'
  (Cic. ed. *Tur.* 2 II 2 p. 1173 Baiter).
neglegentia, nicht negligentia;
neglego, nicht negligo. neglego,
  besser als neclego.
  Br. 145. 214. *Fl.* 19. Osann zu
  Cic. de re p. IV 1, 1 (p. 312). *cod.*
  Veron. Livii IV 12, 7. 22, 4. V 8, 2.
  46, 3. 51, 4. 7. C. I. L. VI 931.
negotior, negotiator, nicht
  negocior;
negotium, nicht negocium, wie
  otium.
  Z. B. *cod. Veron.* Livii III 44, 5.
  51, 10. V 8, 3. Cic. de re p. I 18,
  30. C. I. L. 1 p. 587.
nemorensis, besser als nemoresis.
  Br. 332.
nenia, nicht naenia.
  Horat. carm. II 1, 38. 20, 21.
  III 28, 16. epod. 17, 29. ep. I 1,
  63 Keller. Cic. de leg. II 64, 62.
nequiquam, besser als nequicquam, welches auch richtig ist.

Ribbeck prol. in Verg. p. 436. Horat. carm. I 3, 21. 15, 13. 16, wo Keller nequiquam schreibt; vgl. serm. II 7, 27. ep. I 3, 32 Holder, Keller. Sallust. Cat. 20, 2 Dietsch nequiquam, vgl. vol. II p. 284. *cod. Veron.* Livii hat nequiquam IV 25, 8. 55, 5. 8. 56, 10. V 6, 10. 7, 3; aber necquic(quam) IV 12, 3. 25, 9. vgl. *Neue*, Lat. Formenlehre II 642. Ritschl, Neue Plaut. Exkurse I 57 f.

ningo, nicht ninguo.
Br. 129.

nitor, **nisus** und **nixus**.
Priscian betrachtet nisus als regelmäfsig, erkennt aber auch nixus an X 48 (I p. 537 *H.* vgl. IX 18 p. 461). Diomedes verlangt nisus p. 375, 1 K: 'sed veteres (z. B. *Vergilius*) immutantes nixus declinant.' Er unterscheidet zwischen enisus 'sich anstrengen' und enixus 'gebären'. nixus z. B. Cic. in Verr. II 5, 33 § 86 ≙ Quintil. IX 4, 104. Verg. Aen. X 736. XII 398. Ebenso hat das Substantiv beide Formen: nisus Cic. de deor. n. II 45, 117. nixus Verg. ge. IV 199. x und s Aen. III 37 Ribbeck.

nomisma, nicht numisma (νόμισμα).
Horat. ep. II 1, 234 Keller.

nongenti, nicht noncenti.
Br. 214.

nonnunquam, wie nunquam.

nosco, nicht das altertümliche gnosco.

novendialis und novemdialis.
Keller zu Horat. epod. 17, 48.

Novensides und Novensiles.
Br. 250 f.

novicius, s. oben § 6 I.

nubes, nicht nubis in nom. sing.
Br. 147. 149; oben § 15 n. 3.

nubo, **nupsi**, **nuptum**.
Br. 243—247; oben § 7 I n. 3.

nummularius C. I. L. VI 9708 f.

numul. 9706 f. 9714. s. nummus.

nummus, nicht numus.
Horat. serm. I 1, 67. 73. 96. 2, 133 u. a. Holder (II p. 434). *cod. Vat.* Verrin. II 1, 52 § 137. *Fl.* 21.

nuncius, s. nuntius.

nunquam und **numquam**.
Im Gebrauch waren beide Formen; die erste ist in der Schulgrammatik der röm. Kaiserzeit vorgezogen. *Br.* 264 f. vgl. Ellendt zu Cic. de or. I 4, 13. numquam hat der *cod. Vat.* Cic. de re p. s. Osann p. 141; und der *cod. Veron.* Livii III 63, 9. Horat. ed. Keller-Holder I p. 274. II p. 434.

nunquis, numquis, wie nunquam, oder num quis.
Br. 265. z. B. Horat. serm. I 2, 69. 4, 136. 9, 6. Holder.

nuntio, nicht nuncio,

nuntius, nicht nuncius.
Cic. de re p. I 10, 15. *cod. Veron.* Livii III 38, 4. Horat. carm. I 10, 6 u. a. Keller. *Fl.* 21. C. I. L. I p. 587.

O.

obedio, s. oboedio.

obedo, **obesus**, besser als **obēssus**.
Die letztere Form findet sich in Vergilhandschriften (Ribbeck prol. p. 445). vgl. Horat. epod. 12, 3. ep. I 15, 40 Keller.

obicio, besser als obiicio, § 20 II.

obliquus, siehe oben § 6 II.

oboedio, nicht obedio.
Cic. de re p. III 19, 41 (p. 291 Osann). Sallust. Cat. 1, 1 Dietsch. *cod. Veron.* Livii IV 26, 12. V 3, 8.

Fl. 22. Halm zu Velleius, Rhein. Mus. XXX 539.

obp.., s. oppeto.

obscenus, besser als **obscaenus**, nicht obscoenus.
Die ursprüngliche Form war obscaenus; sie ist herzuleiten von ob(s) und caenum „Schmutz" (Priscian IX 54 = II p. 489 H: obscenus ab obs et canendo vel caeno vel ἀπὸ τοῦ κοινοῦ, unde inquino). Für ae spricht auch die Varronische Ableitung ob-

— 51 —

scaena (de l. l. VII 96). Aber wie
in caenum, so ist auch in obscaenus die Abschwächung des a e zu
e eingetreten, und zwar in letzterem
Worte früher und allgemeiner (siehe
oben *caenum*). Rhein. Mus. N. F. I
445. XXX 539. Die Horazhandschriften z. B. haben stets obscenus
(ed.Keller-Holder epod. 5, 98. serm.
I 2, 96. 8, 5. ep. II 1, 127). Ebenso
Verg. ge. I 470. Aen. IV 455 Ribbeck. Tac. ann. XV 37. vgl. Ellendt
zu Cic. de or. II 59, 242.

obscurus, nicht opscurus.
Oben § 7 I n. 2.
observo, wie obscurus.
obses, wie obscurus.
opses *Br.* 331.
obsideo, wie obscurus.
opsideo *Br.* 305 Anm.
obsidio, s. obsideo.
opsidio *Br.* 305 Anm. 331.

obsonium und opsonium ὀψώνιον,
obsonare (-ari) und opsonari
ὀψωνεῖν.
Horat. serm. I 2, 9. II 2, 41. 7,
106 Holder, welcher obs. vorzieht.

obstipesco, obstipui, besser als
obstupesco.
obstip. Ribbeck prol. in Verg.
p. 451. 390 (Aen. II 774. V 404).
i und u ist überliefert bei Cic. de
div. II 23, 50, wo obstup. *Voss.*
86. Vindob. 182 (2. manu). obstup. Cic. ad. Att. V 21, 7.

obsto, nicht opsto.
Br. 244. 296; oben § 7 I n. 2.

obtempero, nicht optempero.
Br. 295 f. 333; oben § 7 I n. 2.
opt. z. B. *cod. Vat.* Verrin. II 1,
47 § 124.

obtineo, nicht optineo.
Br. 247; oben § 7 I n. 2. (vgl.
C. I. L. I p. 588).

odiosus, nicht odiossus.
Br. 275; vgl. formosus und oben
§ 9 III.
odor, nicht odos.
Vgl. *Br.* 109.

offero, obtuli, nicht optuli; oben
§ 7 I n. 2.
olitor, s. holitor.

olus, s. holus.

onero (belasten), nicht honero;
wie onus, onustus.
Horat. serm. I 10, 10. ep. I 18,
46 Holder, Keller.

onus, nicht honus; wie onustus.
Horat. carm. I 9, 2. serm. I 6,
99. 106. 9, 21 u. a. Keller, Holder.
vgl. *cod.Vat.* Verrin. II 2, 55 § 138.
Gellius II 3.

onustus, nicht honustus.
Verg. Aen. I 289 Ribbeck (prol.
p. 421). Horat. serm. I 1, 47. II 2,
77. ep. I 7, 18 Holder, Keller. vgl.
onus.

opilio, besser als upilio.
Br. 86 f. vgl. Ribbeck prol. in
Verg. p. 437.

oppeto, oppono und derartige
Composita, nicht obp.
Oben § 20 I n. 8.
optimus, nicht das altertüm-
liche optumus.
Br. 108. 116. 321.

Orcus, nicht Orchus.
Br. 288—292. vgl. Horat. carm.
I 28, 10 u. a. Keller (vol. I p. 275).
ordeum, s. hordeum.

örichalcum ("Messing"), nicht
aurichalcum.
Verg. Aen. XII 87. Hor. ars 202.
orichalcum schrieb Cicero de off.
III 23, 92. Die mit Anspielung auf
aurum gebildete Form aurichalcum haben Plautus (Mil. 660. Ps.
688 R) und Spätlateiner. vgl. Osann
zu Cic. de re p. III 19, 29 (p. 279).

ostium, nicht osteum.
Br. 136.

Otho, nicht Oto.
Br. 287. 290. Horat. epod. 4, 16
Keller.

otiari, wie otium.
Horat. serm. I 6, 128 Holder;
vgl. otium.

otiosus,
otium, nicht ocium, ociosus.
cod. Veron. Livii III 30, 1. 31, 1
u. s. f. Cic. de re p I 1, 1. 4, 7
u. s. f. Horat. ed. Keller-Holder I
p. 275 u. a. *Fl.* 23.

4*

P.

paedor, paedidus, besser als
ped.
Fl. Jahrb. f. Phil. 83 S. 574.
paelex, besser als pelex; nicht
pellex.
Horat. carm. III 10, 15. 27, 66.
epod. 3,13. 5, 70 Keller. Quintil. III
10, 6 Halm. vgl. *Br.* 205 f. 263.
paelicatus Cic. pro Scauro 6 (*cod.
Ambros.* class. auct. II 292). *Fl.* 23.
Paeligni, nicht Peligni.
Horat. carm. III 19, 8. epod. 17,
60 Keller. Halm zu Cic. in Vatin.
ed. Tur. 2 II 2 p. 999. vgl. *Br.* 206.
Fl. 24. Jahrb. f. Phil. 85 S. 110.

paene, nicht pene oder poene.
C. I. L. I 1009. Ellendt zu Cic.
de or. I 3, 10. Cic. de re p. I 4, 7.
7, 12. 15, 23 und II 20, 35 (Osann
p. 193). Horat. carm. II 13, 21 u. a.
serm. I 2, 101. 5, 72. ep. I 10, 3
u. a. Holder, Keller.

paenitet, nicht poenitet.
Osann zu Cic. de re p. III 35,
47 (p. 302). Mai zu Cic. pro Tullio
7 (class. auct. II p. 338). Horat.
carm. III 24, 50. epod. 11, 8 Keller.
serm. I 2, 77. 6, 89 Holder. pen.
cod. Veron. Livii III 67, 5. IV 58,
10. V 27, 14.

paenula, nicht penula.
Horat. ep. I 11, 18 Keller. *Fl.*
24. vgl. *Br.* 205 f.
paenulatus, paenularius, wie
paenula.

paetus, nicht petus.
Horat. serm. I 3, 45 Holder. So
auch der Eigenname, z. B. C. I. L.
I 258.

Palilia, s. Parilia.

pallium, nicht palleum.
Br. 136 f. 193 f.

palumbes, besser als palumbis
im nom. sing.
Br. 147. 148; oben § 15 n. 3.

pando, pandi, passum, nicht pan-
sum.
Br. 268. z. B. Horat. serm I 8,
24 Holder.

Panhormus, Panhormitani,
besser als Panormus.
Schneider Gramm. I 192. Cic.
in Verr. II 2, 26 § 63 (Zumpt); 49
§ 120 u. a. C. I. L. X p. 751.

Parilia und Palilia.
Die erstere Form wurde in der
Schulgrammatik der Kaiserzeit vor-
gezogen. *Br.* 258.

Parnasus, Parnasius, nicht
Parnass.
Ribbeck prol. in Verg. p. 444.

parricida, parricidium, besser
als die alte Form pāricida,
pāricidium; nicht patricid.
rr z. B. Horat. carm. III 29, 8
Keller. Cic. pro Mil. 7, 17. S. Rosc.
27, 70. in Verr. II 5, 66 § 169. pro
Sest. 52,111 u. a. Quintil. VII 2, 2.
Priscian bezeugt ausdrücklich rr I
33 = I p. 26 H. Die Form paricida ist altertümlich; vgl. Festus
Pauli s. v. parricidi) quaestores p.
221 M. paricida Sallust. Cat. 14.
3. 31, 8. 51, 25. 52, 31. hist. II 41,
3 Dietsch. vgl. Or. 5497.

parvulus, nicht parvolus (oben §4).

patricius, nicht patritius.
Br. 218 f. oben § 6 I.

paulatim, wie paulus.
Ribbeck prol. in Verg. p. 429.
Horat. ep. II 1, 46. 2, 164 Keller.

paulisper, wie paulus.

Paullus und (weniger gut) Paulus
(Eigenname).
Br. 262. 332. vgl. Horat. carm.
I 12, 38. IV 1, 10 Keller.

paululum, wie paulus.

paulus ist in der Schulgrammatik
dem an sich ebenfalls richtigen
paullus vorgezogen worden.
Br. 262. Ribbeck prol. in Verg.
p. 429. Horat. ed. Keller-Holder
I p. 277. II p. 439. Cic. de or. I
14, 61. 22, 99. II 34, 150 u. a. Ellendt. *Vatic.* Verrin. II 1, 46 § 120.
cod. Veron. Livii: paulus.

pedetentim und pedetemptim.
Analog tentare, temptare. vgl.

Ellendt zu Cic. de or. I 21, 97.
Cornif. ad Herenn. I 6, 9 p. 10, 1
Kayser. Quintil. V 7, 20 Halm.
pedisequus, nicht pedissequus.
Br. 95. Cic. de or. I 55. 236
Ellendt. Oben S. 20.
peiero, besser als **peiuro**, nicht
periuro.
Horat. serm. II 3, 127 Holder;
vgl. peiero z. B. carm. II 8, 1
Keller. Über periero s. Jahrb. f.
Phil. 91 S. 227.
peiurus, s. periurus.
pelex, pellex, s. paelex.
Peligni, s. Paeligni.
Peloponnesus und Pelopone-
sus, Peloponensus.
Fl. Jahrb. für Philol. Bd. 105
S. 575.
penarius (v. penus), nicht pina-
rius.
Br. 141.
pene, s. paene.
„**pennas** avium (*Feder, Flügel*),
pinnas murorum (*Spitze, Zinne*)
dicimus."
Diese Vorschrift der alten Grammatik haben wir beizubehalten,
wenn auch die Unterscheidung we-
der etymologisch sicher ist, noch
praktisch ganz fest steht. vgl. bipennis. Quintil. I 4, 12. *Br.* 142 f.
Ribbeck prol. in Verg. p. 441 f.
besonders Aen. VI 15. pinna hat
Keller vorgezogen Horat. ep. I 20,
21. II 2, 50 und in den carmina II
2, 7 u. a. (vol. I p. 278). C. I. L.
I 1463.
penula, s. paenula.
penuria, nicht paenuria.
Horat. serm. I 1, 98 Holder.
paenuria Sallust. Iug. 48, 4 (*cod.
Par. Sorb. 500*, Dietsch vol. II
p. 298).
percontatio und **percontator**,
nicht percunctatio.
S. percontor. Cic. de or. II 80, 327
Ellendt. Horat. ep. I 18, 69 Keller.
percontor, besser als percunctor.
Cic. de or. I 21, 97 u. a. Ellendt. Sallust. Cat. 40, 2 Dietsch.
Horat. serm. I 6, 112 Holder u. a.

(II p. 440). (per)cunctatus *cod.
Veron.* Livii V 32, 8. Rhein. Mus.
VIII 226.
percrebresco, nicht percrebesco.
cod.Vat. Cic. Verr. II 2, 23 § 56
(nach Halm ed. alt. Tur. II 1 p.
454). vgl. Zumpt zur divin. 4, 12.
Bücheler, Jahrb. für Phil. Bd. 105
S. 113—6.
peredo, **peresus**, besser als per-
ēssus.
Wie adedo, obedo.
peregre und **peregri**; letzteres
nur in der Bedeutung: *„in der
Fremde"*.
Ribbeck Partikel S. 2. Bücheler
Rhein. Mus. XV 444. *Neue,* Lat.
Formenlehre II 660.
perennis, nicht peremnis.
Cic. de re p. VI 23, 25 (p. 406
Osann).
periodus, nicht perihodus.
Wie exodus.
periuro, s. peiero.
periurus und peiurus.
Horat. carm. I 35, 26. III 3, 27.
11, 34. 24, 59 Keller. serm. II 3, 164.
5, 15 Holder. Rhein. Mus. XXI 588.
perlego, nicht pellego oder pelligo.
Die Assimilation kam auch vor,
ebenso auch der Umlaut (pelligo),
aber als die korrekte Form der
Kaiserzeit muſs man perlego an-
sehen. *Br.* 145 vgl. Verg. Aen. VI
34 Ribbeck. C. I. L. I p. 589.
perluceo, nicht pelluc., wie perlego.
pernicies, nicht pernities und
nicht pernecies.
Vgl. Sallust. Cat. 18, 7 Dietsch.
cod. Veron. Livii IV 25, 4. Horat.
c. II 13, 4. III 5, 16. serm. I 4, 130.
ep. I 15, 31 Holder, Keller. Revue
arch. XLI (1881) p. 96. Ephem.
epigr. IV p. 29 n. 40.
pertaesus, nicht pertisus.
Z. B. Liv. III 67, 7 *cod.Veron.*
pessimus, nicht das altertümlichere pessumus.
Br. 118.
petorritum, nicht petoritum.
Horat. serm. I 6, 104. ep. II 1,

192 Holder, Keller. vgl. Jahrb. f. Phil. 93 S. 167.

Phraatos, Phrates und Phrahates.

Phraates Horat. ep. I 12, 15 Keller. Phrahates carm. II 2, 17 *idem.* Phrates Mon. Anc. 5, 54. 6, 1. 4. Oben S. 20.

pigneraticius, nicht -itius.
Br. 219; oben § 6 I.

pignus, *gen.* pignoris u. pigneris.
Br. 104. vgl. Cic. de or. III 1, 4 Ellendt. pignora Augustus, Mon. Anc. VI 5.

pilleus, pilleum, nicht pileus, pileum.
Fl. 25. vgl. pilleolus.

pilleolus, nicht pileolus.
Horat. ep. I 13, 15 Keller; vgl. pilleus.

pinna, s. penna.

plausor, besser als plosor.
Horat. ep. II 2, 130. Die Lesart schwankt ib. ars 154 Keller.

plaustrum, nicht plostrum.
Br. 206. Cic. in Verr. I 20, 53 Zumpt. Liv. V 40, 9 *cod. Veron.* plostra Holder zu Horat. serm. I 6, 42. C. I. L. I p. 590.

plebeius, *gen.* plebei, besser als plebeii; *nom. plur.* plebei, *dat. abl.* plebeis, besser als plebeii, plebeiis.
Z. B. Liv. IV 25, 11. 56, 3. V 2, 13 *cod. Veron.* oben § 14 n. 2.

plebes, Nebenform von plebs, nicht plebis im nom. sing.
Br. 147. 148. z. B. *cod. Veron.* Livii III 18, 11.

plebs, nicht pleps.
Br. 242—246. 331. vgl. Horat. ep. I 1, 59 Keller. *cod. Veron.* Livii bs III 21, 4. 29, 8 u. s. f. ps IV 7, 8. 54, 8.

poenio, s. punire.

poenitet, s. paenitet.

pŏlenta, nicht pulenta.
Br. 82.

Pollio, besser als Polio.
Br. 260. vgl. Ribbeck prol. in Verg. p. 429. Horat. carm. II 1, 14 Keller. serm. I 10, 42. 85 Holder.

Polycletus und Polyclitus.
Otto bei Osann zu Cic. de re p. 467 f. oben § 5 n. 2.

pomeridianus, s. postmeridianus.

pomerium, nicht pomoerium.
Br. 330. vgl. Ritschl opusc. II 551 Anm. — *cod. Veron.* Livii V 52, 15.

Pomptinus, nicht Pontinus.
Cic. de or. II 71, 290 Ellendt. vgl. den Tribusnamen in Inschriften.

pontifex, nicht die ältere Form pontufex.
C. I. L. I p. 590.

Poplicola, s. Publicola.

Porcius, nicht Portius.
C. I. L. I p. 590; oben § 6 I.

porphyreticus, nicht purpureticus.
Br. 204. Die letztere Form ist nach Analogie des gewöhnlichen Wortes purpura = πορφύρα gebildet. vgl. Keller zu Horat. carm. IV 1, 10. Fleckeisen Jahrb. f. Phil. 93 S. 11.

Porsenna und Porsena mit der Nebenform Porsinna, Porsina.
Porsenna Verg. Aen. VIII 646 (Ribbeck). Florus I 4, 10 Halm. Porsēna Horat. epod. 16, 4 (Keller); vgl. Lachmann in Lucr. p. 37. Über Porsinna und Porsina vgl. Liv. II 9 Weißenborn.

Portunus, nicht Portumnus.
Fast. Vall. Amit. August. 17 (*ter*) = C. I. L. I p. 320. 324.

postmeridianus und posmeridianus.
Über die erste Form: Ellendt zu Cic. de or. III 5, 17; über die zweite: Ritschl opusc. II 549 (zu Cic. or. 47, 157). Über pomeridianus s. post meridiem.

post meridiem, nicht apokopiert po meridiem.
Die letzte Form ist als eine Eigentümlichkeit älterer Zeit bei Quintilian erwähnt IX 4, 39. Quintilian bezieht sich aber nicht auf die Stelle des Cic. or. 47, 157, und seine Worte können deshalb nicht

als Zeugnis für ein Ciceronisches pomeridianus, statt postmeridianus(oder posmeridianus),gelten.

postquam, nicht posquam.
Über die Form posquam s. Ritschl opusc. II 548 ff. 772. Horat. ep. I 10, 37 Keller; vgl. Holder zu serm. II 3, 18. 171.

praeco, nicht praecho.
Br. 282.

praegnans und **praegnas**, gen. praegnantis.
Verg. Aen. VII 320. X 704 Ribbeck. Horat. III 27, 2 Keller.

praesaepis, praesaepia, besser als praesep.
Vgl. saepio. *Fl.* 28. Ribbeck prol. in Verg. p. 446. Horat. ep. I 15, 28 Keller.

praestolor, nicht praestulor.
Br. 79.

praesum,praeest,praeeram,praeessem, praeero, nicht praest u. s. f.
Wie desum. *Br.* 325. vgl. Liv. III 51, 2. 4. 10. V 8, 9. 9, 12 u. s. f. *cod. Veron.* Fast. Praen. April 28 = C. I. L. I p. 317. VII n. 640; die Militärdiplome haben dagegen, mit nur einer Ausnahme, stets praeest, C. I. L. III p. 919. Letztere Form war also in der Kaiserzeit kanzleimäfsig.

praeverto, nicht praevorto; wie verto.

prehendo und **prendo**.
Br. 286 f.

prelum, nicht praelum.
Horat. carm. I 20, 9. Ribbeck prol. in Verg. p. 385 f.

pretium, nicht precium oder praetium.
Br. 328 (vgl. 207). Horat. serm. I 2, 37 Holder u. a. Mai class. auct. II p. 393. 399.

privilegium, nicht primilegium.
Br. 266.

pro Interjektion, nicht proh.
Horat. c. III 5, 7 Keller.

proelium, nicht praelium.
Vgl. Horat. serm. II 7, 98 Holder u. a. Liv. III 61, 12. 62, 6 u. s. f.

dagegen 61, 2 *cod. Veron.* — Fast. Cap. z. B. a. 536 C. I. L. I p. 435. Mon. Anc. IV 43.

proicio, besser als proiicio (oben § 20 II).
C. I. L. I p. 591.

proles, nicht prolis im nom. sing.
Br. 147; oben § 15 n. 3.

promiscue, nicht promisce.
Br. 129 f. vgl. Ellendt zu Cic. de or. III 19, 72.

promo, **prompsi, promptum**.
Br. 248. z. B. *cod. Veron.* Livii IV 22, 1. V 3, 1.

promunturium, besser als promontorium.
Br. Rhein. Mus. XXIV 536 f. C. I. L. III 567, 15. Es scheint, dafs auch die irrige Form promontor. wegen des Anklangs an mons Eingang fand.

pronuntiare, wie nuntiare.
Vgl. Ellendt zu Cic. de or. I 15, 66.

prooemium, nicht prohoemium oder prohemium.
Z. B. Cic. Verr. II 1, 43 § 111. Quintil. IV 1, 2 Halm: ʽprohoemium A(mbros.) B(amb. und Bern.) ut fere semper.ʼ Quintilian leitet das Wort aber von οἴμη oder οἶμος ab. vgl. *Br.* 207.

propitius, nicht propic.
Das *t* gehört zum Stamm (pet.); man darf daher die Endung nicht mit der Adjektivbildung auf -icius verwechseln (oben § 6 I).

prorsus, nicht die alten Formen prorsum, prosum.
Vgl. rursus. Ritschl opusc. II 263. prosus Quintil. XII 10, 38 Halm. *Br.* 273.

proscaenium, nicht proscenium.
Wie scaena (Ribbeck prol. in Verg. p. 387). C. I. L. II 183.

protinus, besser als protenus.
Br. 141—143. Liv. III 43, 7 *cod. Veron.* vgl. Ribbeck prol. in Verg. p. 442. Horat. carm. III 3, 30. serm. II 5, 21. ep. I 12, 8. 18, 67 Holder, Keller. Quintil. IV 3, 5 Halm. Über protenus Ritschl opusc. II 245.

provincia, nicht provintia.
C. I. L. I p. 591.
proximus, nicht das altertümlichere proxumus.
Br. 108 f. vgl. 126. 280. 315.
ptisanarium, s. tisanarium.
Ptolomaeus, Ptolomais ist
die lateinische Form für Πτολε-
μαῖος, Πτολεμαΐς.
Vgl. *Br.* 105. *Fl.* Jahrb. für Phil.
93 S. 4. 5. 244. — 95 S. 22. 750. In
nachlässiger Aussprache und im
plebejischen Latein fiel auch das P
ab (Tolomaeus) vgl. tisanarium.
pubes, besser als pubis im nom.
sing.
Br. 146—149; oben § 15 n. 3.
Publicola; die älteren Formen
sind Poplicola, Puplicola.
Vgl. Osann zu Cic. de re p. II
31, 53.(p. 217). Publ. *cod. Veron.*
Livii III 8, 2. VI 1, 8. (vgl. publicus). Publ. Horat. serm. I 10,
28 Holder.

publicus, nicht die altertümlichen Formen poplicus, puplicus.
C. I. L. I p. 591. vgl. z. B. Cornif. ad. Herenn. I 12, 22 p. 20, 1
Kayser.
pulcher, nicht pulcer.
Br. 287 ff. vgl. Ribbeck prol.
in Verg. p. 424. Horat. ed. Holder-
Keller I p. 282. II p. 446. *cod.*
Veron. Livii V 27, 12.
pulenta, s. polenta.
punire, nicht das altertümliche
poenire.
Vgl. Osann zu Cic. de re p. III
9, 15 (p. 262).
purpura, s. porphyreticus.
putesco und putresco.
Horat. serm. II 3, 119. 194 Holder. Cic. de fin. V 13, 38 Madvig.
Pythagorēus, nicht Pythago-
raeus; jünger ist Pythagorius.
Cic. de re p. I 10, 16; Osann
p. 466; vgl. oben § 5 n. 2.

Q.

Q. als Abkürzung bezeichnet den
Vornamen Quintus, der in der
republikanischen Zeit Quinctus
lautete.
Wie Quinctia, Quinctilis s. u.
quadriduum, nicht quatriduum.
Fl. 25 (Ritschl opusc. II 265).
z. B. Sallust. Iug. 51, 1 Dietsch.
Dagegen Fronto ed. Naber p. 281.
quadrupedans,
quadrupes und
quadripedans, quadripes.
Ribbeck prol. in Verg. p. 450.
quaero, quaesivi, quaesiisti,
quaesisti u. s. f. oben § 19 II.
qualiscumque, wie quicum-
que.
quamquam und quanquam.
Br. 263—265. C. I. L. II 1359,
8. quamq. *cod. Vat.* Cic. de re p.
I 4, 7. 44, 68 (Osann p. 141). *cod.*
Veron. Livii IV 12, 8 u. s. f. vgl.
Horat. serm. I 1, 24. II 1, 23. 2, 41.

ep. II 1, 124 Holder, Keller. vgl.
vol. I p. 282.
quanto opere und quantopere.
Ellendt zu Cic. de or. I 35, 164.
Osann zu Cic. de re p. I 8, 13 und
oben magnopere.
quatenus und quatinus.
Br. 141—143. Die Überlieferung im Horaz spricht mehr für
quatenus (serm. I 1, 64. 3, 76.
II 4, 57. carm. III 24, 30 Keller,
Holder).
quattuor, besser als quatuor.
Br. 332. vgl. Ellendt zu Cic. de
or. II 83, 339. *fragm. Vat.* Sallust.
hist. Ia 20. Osann zu Cic. de re p.
III 8, 12 (p. 258). Mai class. auct.
II 389. *cod. Veron.* Livii IV 27, 4.
fragm. Pal. Livii XCI p. 1 b. Horat.
serm. I 3, 8 Holder u. a. Mon. Anc.
II 17. C. I. L. VI 1080. 3770.
quem ad modum, quemadmo-
dum, nicht quemammodum.
quemammodum im *cod. Vat.*
Verrin. II 1, 41 § 106 u. a. Für die

Trennung in 3 Worte: Ellendt zu Cic. de or. I 2, 5.

queo, **quivi** u. s. f. oben § 19 II. quiverit *cod. Veron.* Livii IV 24, 9.

querela, besser als querella. *Br.* 259. Für querella Mai class. auct. II 388 und die codices Vergilii (Ribbeck prol. p. 429). Ebenso Keller Horat. ep. I 12, 3. ars 98. vol. I p. 283.

querimonia, nicht queremonia. Horat. carm. I 13, 19. II 20, 22. III 24, 33. ars 75 Keller.

quicquam, s. quisquam. quicquid, s. quisquis.

quicumque, besser als quicunque. *Br.* 265. Horat. ed. Holder-Keller I p. 284. II p. 449. *cod. Veron.* Livii III 12, 6. 27, 3. IV 13, 3. 22, 1. C. I. L. II 1088, 4. 1094, 3. 10. V 5050, 34.

quidam, *Accusativ* quendam, nicht quemdam; oben § 9 II.

quidquam, s. quisquam.

quidquid, s. quisquis.

Quinctia, Quinctius ist in den aus der Geschichte der römischen Republik bekannten Namen zu schreiben; dagegen die aus der Kaiserzeit bekannten Namen des Geschlechts haben die jüngere Form **Quintia, Quintius** neben der älteren Quinct. Die Überlieferung bei Livius spricht für diese Regel; denn die alten Namen haben bei ihm vorwiegend ct, nach dem *codex Veronensis:* III 12, 3. 8. 21, 8 u. s. f. IV 8, 1. vgl. dagegen III 12, 2. 26, 9. 27, 11. IV 7, 10. 17, 10. Beispiele für ct im C. I. L. I p. 592. Quint. tritt in den letzten Jahren der Republik auf und wird in der Kaiserzeit sehr gebräuchlich, ohne die ältere Form ganz zu verdrängen; vgl. Ritschl, Tesserae 34 [Abhdl. der Bayer. Ak. X 324].

Quinctilis und **Quintilis** Monatsname. C. I. L. I p. 592. Ritschl, Tes-

serae 34 [Abhdl. der Bayer. Ak. X 324]. vgl. Cic. de re p. l 16, 25. *cod. Veron.* Livii V 32, 1.

Quinctilius und Quintilius. Wie Quinctilis und Quinctia.

Quinctus, s. Q. als Abkürzung.

Quintilianus, nicht Quinctilianus, Name des Rhetors. Vgl. Ritschl opusc. II 779. Tesserae 34 [Abhdl. der Bayer. Ak. X 324]. Quinct. aus dem Jahre 39 n. Chr. Henzen Scavi p. 6.

quisquam, *neutr.* quicquam, besser als quidquam. *Br.* 254. Ellendt zu Cic. de or. I 8, 30. Osann zu Cic. de re p. I 32, 48 (p. 99). *cod. Veron.* Livii III 27, 2 u. a. V 6, 11. 12. 33, 1. *fr. Vat.* Sallustii IV a 14 (Hermes V 405). Horat. ed. Keller-Holder I p. 284. II p. 450. vgl. quisquis.

quisque, **quidque**, nicht quicque. Ellendt zu Cic. de or. I 32, 145. 35, 162; vgl. I 8, 30.

quisquis, *neutr.* quidquid und quicquid. *Br.* 254. C. I. L. VI 1779. Ellendt zu Cic. de or. I 8, 30. Osann zu Cic. de re p. I 32, 48 (p. 99). *cod. Veron.* III 20, 6. Im Horaz spricht die überwiegende Überlieferung für quicquid (Stellen bei Keller-Holder I p. 284. II p. 450). Lachmann in Lucr. 340.

quom, s. cum.

quor, s. cur.

quotannis, nicht quodannis. Die erste Form entspricht der alten Schulgrammatik. quodannis kommt übrigens in Inschriften und Handschriften oft vor; vgl. Ribbeck prol. in Verg. p. 398; oben § 8.

quotidie, s. cottidie.

quotiens, besser als quoties. *Br.* 269; oben § 17 II. C. I. L. I p. 593. Cic. de or. II 30, 130. 32, 137 Ellendt. vgl. Osann zu Cic. de re p. III 10, 17 (p. 266). Cic. divin. in Caecilium 14, 45, p. 31 Zumpt. Ribbeck prol. in Verg. p. 434. Horat. carm. I 5, 5. IV 2, 26. u. a. ep. I 18, 45. 104. II 1, 55 Keller.

quotienscumque, besser als quotiescunque.
Wie quotiens. Cic. de or. I 27, 123 Ellendt. vgl. Osann zu Cic. de

re p. III 10, 17 (p. 266). Mon. Anc. IV 28.

quum, s. cum.

R.

raeda, besser als reda; nicht rheda. *Fl.* 25. Jahrb. f. Phil. 85 S. 109. Horat. serm. I 5, 86. II 6, 42 'Holder.

Raetia, Raeti, nicht Rhaet. Halm zu Velleius, Rhein. Mus. XXX 539. Horat. carm. IV 4, 17. 14, 15 Keller; und die Inschriften z. B. C. I. Rh. p. 385. C. I. L. III 5212 u. a. Henzen Scavi p. 75.

recïdo, rĕccidi, besser als recidi. reccidi z. B. Cic. de re p. II 8 (Mai class. auct. I 147. vgl. Osann p. 478). Luc. Müller de r. m. p. 361. Grabrede auf die Turia I 15: reccidisse (Abhandl. der Berl. Akad. 1863 S. 459. C. I. L. VI 1527); vgl. refero, reperio, repello.

recipero und **recupero**; die erste Form ist der zweiten vorzuziehen. *Br.* 321. recuperandae Sallust. Iug. 29, 3. reciperatum Liv. III 18, 10. V 51, 3; neben recuperare V 49, 3. recuperata ib. 51, 3. VI 2, 5. *cod. Veron.* reciperas Cic. ep. fam. VI 10, 1 *palimps. Taur.* C. I. L. I p. 593. VI n. 568. Mon Anc. V 34.

redarguo, nicht das altertümliche rederguo. *Br.* 77.

redemptor, nicht redemtor; s. redimo. Z. B. Horat. carm. III 1, 35. ep. II 2, 72 Keller. C. I. L. I p. 593. redeo, redii u. s. f. § 19 II. redimo, redemi, **redemptum.** *Br.* 248 f. C. I. L. I p. 593. rĕduco, nicht redduco. Vgl. Horat. serm. II 3, 294. ib. 191 Holder. Luc. Müller de r. m. 362.

refero, **rettuli,** nicht rētuli, welches in der Überlieferung gegen ersteres zurücksteht. C. I. L. I p. 593. VI n. 2023:

(*t* und *tt*). rettulit z. B. act. triumph. a. 532 (p. 458). Henzen Scavi p. 42 f. *cod. Veron.* Livii III 61, 11. 68, 5. IV 17, 8. V 20, 1; neben retul. ib. III 43, 6. IV 34, 6. vgl. Ellendt zu Cic. de or. II 25, 100. Osann zu Cic. de re p. 478. Keller zu Hor. carm. II 1, 28. Luc. Müller de r. m. 361.

Regium, nicht Rhegium. C. I. L. I p. 593. X p. 3. Cic. Verr. II 2, 22 § 54. 23 § 55. 56 *cod. Vat.* vgl. Mai class. auct. II p. 416; Zumpt p. 981. *Fl.* 26.

reicio, besser als reiicio. Oben § 20 II. z. B. *cod. Vat.* Cic. Verrin. II 2, 24 § 59. 25 § 61 (p. 458 Mai). *Br.* 201 Anm.

religio, nicht relligio. Cic. de re p. I 2, 2. 15, 23. 24. *cod. Vat.* Verrin. II 1, 46 § 120. *cod. Veron.* Livii V 50, 1. 7. 51, 4. 52, 10 u. s. f. vgl. 40, 10. Luc. Müller de r. m. 361.

religiosus, wie religio. relinquo, 3. *plur.* **relinquunt,** nicht relincunt oder relinquont. Oben § 6 II. § 19 I. relincunt z. B. *cod. Veron.* Livii III 63, 4.

reliquiae, besser als relliquiae. Vgl. reliquus. C. I. L. I 1009. 1016. relliquiae ib. 1051. vgl. Ribbeck prol. in Verg. p. 430 (Aen. I 30). Luc. Müller de r. m. 361.

reliquus, nicht rellicuus, relicuus. C. I. L. I 206, 151. IV 1668. tab. Malac. 63 = C. I. L. II 1964. Cic. de re p. I 4, 7. II 11, 12. Sallust. *fragm. Vat.* hist. I a 12. *cod. Veron.* Livii V 6, 15. 39, 1. 40, 1. *fragm. Pal.* XCI 2 b. reliqus *fragm. Vat.* Cic. pro Rab. 1 (Mai class. auct. II p. 370). relicus *fragm. Med.* Cic. pro Flacco 11 (Mai ib. p. 8). *fragm. Taur.* ep. ad fam. VI 9. 2. *cod. Veron.* Livii III 21, 1. vgl. Lachmann in Lucr. p. 305.

renuntio, s. nuntio.

repello, **reppuli**, nicht repuli,
reperio, **repperi**, nicht reperi.
Wie refero, rettuli. Ellendt zu
Cic. de or. II 25, 100. Luc. Müller
de re m. 361. vgl. repperies im
cod. Vat. Verrin. II 1, 42 § 109.

reprehendo und **reprendo.**
Br. 286. vgl. Cic. Verrin. II 1,
42 § 108 *cod. Vat.* de re p. IV 5, 5
Osann. Beispiele aus Horaz ed. Keller-Holder II p. 453.

res publica, nicht zusammen-
geschrieben respublica.
Vgl. Osann zu Cic. de re p. I
3, 4 (p. 14). Die spezielle Bedeutung „Staat" bedingt keinen
Unterschied in der Schreibweise.

reses, nicht resis im nom. sing.
Br. 147.

restinguo, nicht restingo.
Z.B. Horat. serm. I 5, 76 Holder.

retracto, nicht retrecto.
Ribbeck prol. in Verg. p. 387.

revertor, nicht revortor, wie
verto.

Rhegium, s. Regium.

rhombus, nicht rombus.

Horat. epod. 2, 50 Keller. serm.
I 2, 116. II 2, 42. 48 f. 95. 8, 30
Holder.

Riphaei, nicht Ripaei.
Ribbeck prol. in Verg. p. 425. 424.

robigo, nicht rubigo.
Br. 85 f. Horat. carm. III 23, 7
Keller. serm. II 1, 43 Holder.

robur, roboris, nicht robor.
Br. 84; vgl. 4. 45. Ribbeck prol.
in Verg. p. 437 f.

rotundus, nicht die Nebenform
rutundus.

rutundus ist durch einen regel-
rechten Umlaut entstanden, war
aber wahrscheinlich der plebejischen Sprache vorwiegend eigen.
Diese Form findet sich z. B. in den
codd. Paris. 7900ᵃ Emmer. Hor. ep.
I 1, 100. *Monac. 14685.* Hor. ars
323. — *Voss. 84. Vindob. 189 1. m.*
Cic. de deor. n. II 46, 117. vgl.
Lachmann in Lucr. 96.

rupes; oben § 15 n. 3.

rursum, rursus, nicht rusus,
russus.
Br. 273. 332. vgl. Ribbeck prol.
in Verg. p. 444 f. Horat. serm. I
3, 28. II 3, 268 Holder u. a. Ritschl
opusc. II 262 f. 544.

S.

saeculum, nicht seculum.
Fl. 27. Handschriftlich z. B.
cod. Veron. Livii III 20, 5. Cic. de
re p. II 10, 18. de leg. I 6, 19 u. oft.

saepes, nicht sepes.
Fl. 28. Handschriftliche Überlieferung bei Ribbeck prol. in Verg.
p. 446. Livii VI 2, 10. 11 *cod. Veron.*
vgl. saepio; oben § 15 n. 3.

saepio, saepsi, saeptum,
nicht sep.
Fl. 28. Über die handschriftliche Überlieferung vgl. Cic. de re
p. I 26, 41 Osann (p. 88, dessen
Urteil verkehrt ist). de or. I 9, 36.
32, 142 Ellendt. Sallust. hist. I 41,
15 Dietsch. Liv. III 19, 10. 44, 4
und VI 2, 9 *cod. Veron.* Tac. ann.
XIV 44. Inschriftliche Beispiele in
C. I. L. 1 p. 594.

saeta, nicht seta,
saetosus, nicht setosus.
Z. B. Horat. epod. 17, 15 Keller;
vgl. Ribbeck prol. in Verg. p. 414.

saevio, nicht sevio,
saevitia, nicht sevitia;
saevus, nicht sevus.
Br. 204. Handschriftlich findet
sich auch sev. vgl. Horat. serm. I
4, 49 Holder u. a. Tac. ann. XIV 45.
Sallentini, besser als Salentini.
Vergil. Aen. III 400 Ribbeck.
Cic. pro S. Rosc. 46, 133 u. sonst.

Sallustius, nicht Salustius.
Inschriftlich z. B. C. I. L. IV
p. 252.

sanguinolentus und **sanguinu-
lentus.**
sanguinol. Cornificius ad Her.

33

IV 39, 51. Ovid. Her. 3, 50 u. a. neben sanguinul. Ov. fast. IV 844 u. a. Beispiele bei Corssen Ausspr. II² 145.

sarcio, sarsi, **sartum**, nicht sarsum. *Br.* 276.

Sardanapāllus, besser als Sardanapālus. Cic. Tusc. V 35, 101 Baiter. vgl. Osann zu Cic. de re p. 305. 510.

sario, besser als sarrio. *Fl.* Jahrb. f. Phil. 97 S. 212.

sarisa, besser als sarissa; ebenso σάρισα neben σάρισσα. σάρισα im Thes. Gr. ed. *Dindorf* s. v. σάρισσα. Die Schreibart sarisa erwähnt schon *Forcellini*.

satrapea, besser als die jüngere Form satrapia, σατραπεία. Oben § 5 n. 2. z. B. Curtius V 6, 44, wo Mützell sich für satrapea entscheidet (I p. 394 = Hedicke p. 75, 31).

satura und die jüngere Form satira, nicht satyra. satura bei Horat. serm. II 1, 1. 6, 17 Holder. vgl. Quint. IX 2, 36. 3, 9. X 1, 93. 95 satura Halm. Iuvenal. 1, 30.

scabillum, nicht scapillum. *Br.* 241.

scaena, nicht scena (σκηνή). C. I. L. I p. 594. Ribbeck prol. in Verg. p. 287. Horat. ed. Keller-Holder II p. 456. Verkehrt urteilt Ellendt zu Cic. de or. II 46, 193.

scaenicus, wie scaena.

sceptrum, nicht scaeptrum (σκῆπτρον). Z. B. Verg. Aen. IX 9. C. I. L. IV 1939. vgl. *Br.* 205.

scida, nicht scheda (σχίδη). *Br.* 291.

scribo, scripsi, scriptum, nicht scribsi, scribtum. Oben § 7 1 n. 3. scribti z. B. *cod. Veron.* Livii III 8, 4.

scripulum, nicht scriptulum. *Br.* 256.

sebum, nicht sevum. *Br.* 239.

secius, s. setius.

sed, nicht set. *Br.* 253 f. vgl. Ellendt zu Cic. de or. I 11, 48. Osann zu Cic. de re p. I 3, 4 p. 15. *cod. Veron.* Livii III 38, 4. IV 22, 3. 27, 4 u. a. vgl. 23, 3. V 32, 7. Ribbeck prol. in Verg. p. 398. Horat. serm. I 1, 27 Holder u. a.

sedes, nicht sedis im nom. sing. *Br.* 146—149; oben § 15 n. 3.

seiunx, nicht seiux. *Br.* 270.

Seleucea u. (jünger) Seleucia. Otto bei Osann zu Cic. de re p. 468. oben § 5 n. 2.

semestris, nicht semenstris. Wie trimestris. z. B. C. I. L. I 206, 92. 102.

semēsus und semēssus. Verg. Aen. III 244 Ribbeck (prol. p. 445). Horat. serm. I 3, 81. II 6, 85 Holder.

semustus, besser als semiustus. Verg. Aen. III 578. V 697. XI 200 (Ribbeck prol. p. 446).

sepulcrum, besser als sepulchrum. *Br.* 288 f. vgl. Cic. de or. II 34, 157 Ellendt. de leg. II 24, 61 p. 119—124 Vahlen. — Ribbeck prol. in Verg. p. 424. *ch* schreiben Holder und Keller im Horaz (vol. I p. 289. II p. 457). C. I. L. I p. 595.

sequor, *3. pers. pl. praes. ind.* sequuntur, *perf.* secutus. Nicht sequontur, sequutus oder secuntur. Letztere in guten Handschriften häufige Form z. B. Liv. III 30, 1 *cod. Veron.* Horat. serm. I 6, 108 Holder u. a. oben § 6 II. 19 I.

servus, nicht servos (§ 4. 14 n. 1).

sescenti, nicht sexcenti. sesc. Mon. Anc. I 19. III 25. *cod. Vat.* Cic. de re p. I 37, 58 ed. Osann p. 119. vgl. Mai class. auct. II p. 389. *cod. Veron.* Livii III 62, 8. Ritschl opusc. II 657.

setius, nicht secius. *Fl.* 28. Ribbeck prol. in Verg. p. 446. C. I. L. I p. 595.

sibilare, nicht sifilare.

Br. 240. z. B. Horat. serm. I 1, 66 Holder.

sibilus, nicht sifilus; s. sibilare.

simulacrum,nichtsimulachrum.
Ellendt zu Cic. de or. I 34, 157.

singillatim, nicht singulatim.
singillatim ist wenigstens bei den mustergiltigen Schriftstellern allein gebräuchlich. Beweisstellen bietet *Fl.* 29; z. B. Cic. in Caec. div. 15, 20 (vgl. Zumpt p. 36). Verr. II 3, 20 § 53. 42 § 100 u. a.

Siren, nicht Seren (Σειρήν).
Br. 142. vgl. Horat. serm II 3, 14. ep. I 2, 23 Holder, Keller.

sobrius,nichtsobreus odersober.
Br. 136. 85 f. z. B. Horat. serm. II 3, 5 Holder.

sodalicius, oben § 6 I.

solacium, nicht solatium.
Z. B. *cod. Veron.* Livii V 51, 1. *Fl.* 30. Ribbeck prol. in Verg. p. 446. C. I. L. II 1094, 12.

solea, nicht solia.
Br. 133. vgl. Horat. serm. I 3, 128 Holder u. a.

solium, nicht soleum.
Br. 136 f.

sollemnis, nicht sollennis oder sollempnis.
Sallust. Cat. 22, 2 Dietsch. Liv. III 29, 5. V 50, 7. 52, 11 *cod. Veron.* C. I. L. I p. 285 XXIV. Verg. Aen. XII 193 Ribbeck. Horat. carm. IV 11, 17. ep. I 1, 101. 18, 49. II 1, 103 Keller. Henzen Scavi p. 65.

sollers, nicht solers.
Sallust. Iug. 96, 1 Dietsch. Horat. carm. IV 8, 8. ars 407 Keller.

sollertia, nicht solertia.
Wie sollers. Z. B. Sallust. Iug. 7, 7 Dietsch.

sollicito, sollicitudo, nichtsolicit.
Z. B. *cod. Veron.* Livii III 20, 8 u. s. f. C. I. L. I 1008.

somnulentus, besser als somnolentus.
Verbürgt durch die Handschriften des Appuleius und Solin (Corssen Ausspr. II² 146); vgl. sanguinolentus, vinolentus, formidulosus.

sonipes, nicht sonupes.
Br. 111.

spatior, nicht spacior;
spatium, nicht spacium.
Z. B. C. I. L. I 1220.

spondēus, nicht spondīus.
Quint. 1 10, 32. IX 4, 97. 98. 102 Halm.

stellio, nicht stelio oder stillio.
Br. 260. vgl. Ribbeck prol. in Verg. p. 429.

stillicidium, nicht stilicidium.
Belegstellen bei Lachmann in Lucr. p. 33, dessen Anschauung irrig ist.

stillio, s. stellio.

stilus, nicht stylus.
Z. B. Horat. serm. I 10, 72. II 1, 39 Holder. C. I. L. VI 1724.

stlata (stlatarius), nicht sclata.
Br. 214.

stlis, s. lis.

strues, oben § 15 n. 3.

stuppa, stuppeus, nicht stupa oder stippa.
Verg. Aen. V 682 (Ribbeck prol. p. 451) u. a.

suadela, nicht suadella.
Br. 259 f. vgl. Horat. ep. I 6, 38 Keller.

subditicius, oben § 6 I.

subeo, **subii** u. s. f. oben § 19 II.

subf...., s. suff.

subició, besser als subiicio.
Oben § 20 II; vgl. Ellendt zu Cic. de or. I 42, 189.

submergo und summergo, subministro u. sumministro, submitto und summitto, submoveo und summoveo, submuto und summuto.
Oben § 20 I n. 10. Cic. or. § 158. vgl. § 93. Ribbeck prol. in Verg. p. 389.

suboles,nichtsubolis oder soboles.
Br. 147; oben § 15 n. 3. Horat. carm. III 13, 8. IV 3, 14. c. saec. 17 Keller. Cic. Tusc. II 10, 23 Baiter ed. *Tur.* C. I. L. VI 1779 d 35.

subrogo und surrogo,
subr. Liv. III 19, 1. 2 *cod. Veron.* oben § 20 I n. 10.

subsicivus, nicht subsecivus.

Cic. de leg. I 3, 9. 4, 13 u. a.
C. I. L. I 200, 66 (subsicivo).
subsidium, nicht supsidium.
Oben §7 I n. 2; z. B. Liv. III 12,
4 cod. Veron. Fast. Praen. Apr. 24.
= C. I. L. I p. 317.

subtemen und **subtegmen**. Ersteres ist die gewöhnliche Form.
Verg. Aen. III 483 Ribbeck. Horat.
epod. 13, 15 Keller. C. I. L. IV
1507 add. p. 208.
subter, s. oben § 7 I n. 2.
subtilis, nicht suptilis.
Horat. serm. II 7, 101. ep. II 1,
242; vgl. serm. II 8, 38 Holder,
Keller. Cic. de leg. I 4, 13 u. a.
subtilitas, nicht suptilitas.
supt. Cic. de re p. I 10, 16.
succedo, succinctus u. dergl.
Composita s. oben § 20 I n. 10.
Vgl. Ribbeck prol. in Verg. p.
389.
succenseo, s. suscenseo.
sucus, nicht succus.
Ellendt zu Cic. de or. II 21, 88.
22, 93. Horat. carm. III 3, 35. 27,
54 Keller.
Suebi, Suebicus, nicht Suev.
Br. 332. Mon. Anc. VI 3.
suffero,
sufficio,
suffodio und dergl. Composita,
nicht subf. oben § 20 I n. 10.
Sulpicius, nicht Sulpitius.
Vgl. Cic. de or. II 23, 96 f.
Ellendt. oben § 6 I.

sulpur und **sulphur**, nicht sulfur.
Für sulpur spricht die bessere
Überlieferung bei Vergilius (Rib-
beck prol. p. 424), Horat. ep. I 15,
7 Keller. vgl. Sallust. Iug. 57, 5
Dietsch. Quintil. I 6, 22. XII 10,
76 Halm.
sumo, **sumpsi, sumptum.**
Br. 248 ff. 332. vgl. Osann zu
Cic. de re p. 181 f. cod. Veron. Livii
V 54, 8. Horat. ed. Keller-Holder
I p. 292. II p. 463. Feriale Cum.
C. I. L. I p. 310.
sumptus, nicht sumtus, s. sumo.
Z. B. cod. Veron. Livii V 4, 5.

sŭpellex, nicht suppellex.
superiacio, nicht superiicio.
Vgl. Verg. Aen. XI 625.
sup-p, nicht subp. z. B.
suppedito, nicht subpedito.
Oben § 20 I n. 10; z. B. Cic. de
leg. II 27, 67, wo bp cod. B.
supplex, supplico, nicht supl.
supplicium, nicht suplicium.
Z. B. Mon. Anc. V 3. cod. Veron.
Livii III 19, 6.
suppono,
supporto,
supprimo u. derartige Composita,
s. oben sup-p.
Vgl. Ribbeck prol. in Verg. p.
389.
Suria, s. Syria.
sursum, sursus, nicht susum,
susus.
Br. 273. Über die Endung vgl.
Ritschl opusc. II 262.
suscenseo, besser als succenseo.
Cic. Tusc. I 41 § 99. Ter. Phorm.
II 3, 14, Plaut. Trin. 1164 R.
suspīcio, besser als suspitio;
letzteres ist vielleicht eine selb-
ständige Parallelbildung aus
suspic(i)tio.
suspitio kommt in guten Handschriften neben suspicio vor, und
da die Länge der zweiten Silbe
eine direkte Herleitung von suspi-
cor nicht empfiehlt, so habe ich
früher mit Fleckeisen u. a. die Form
suspitio als allein richtig hinge-
stellt (Rhein. Mus. XXIV 539). Indessen ist suspicio so gut beglaubigt aus einer Zeit, in welcher die
Verwechslung von ci und ti vor
Vokalen noch nicht um sich gegrif-
fen hatte, dafs entweder suspitio
fehlerhaft ist oder zwei unabhängige
Bildungen erfolgt sind: die eine direkt vom c-Stamm SPIC und die
andere vom Supinstamm SPIC-T.
vgl. Haupt im Hermes IV 147.
syllaba, nicht sillaba.
Br. 126. Horat. ars 251 Keller.
synodus, und synhodus.
Ohne h Ammian. XV 7, 7. XXI
16, 18. h tritt ein wie in Euodus,

Euhodus, Euhemerus; vgl. Panhormus.

Syracosius, nicht Syracusius, Συρακόσιος; aber Syracūsanus. Cic. de or. III 34, 139 Ellendt; vgl. II 13, 57.

Syria und Suria.

Beide Formen gehören dem ersten Jahrhundert der Kaiserzeit an. y ist seit der augusteischen Zeit im Gebrauch, hat aber das u nicht ganz verdrängen können. Für neulateinische Schriften ist Syria als die korrektere Form zu empfehlen.

T.

tabes, nicht tabis im nom. sing. Br. 147; oben § 15 n. 3.

taeter, nicht teter; ferner nicht taetrus, tetrus. Cic. de re p. II 26, 48. III 33, 45; vgl. Osann zu I 29, 45 (p. 95). Sallust. Cat. 52, 13. Horat. carm. III 11, 19 Keller. serm. I 2, 33. 3, 107. 4, 60 Holder. Br. 86.

Tamyris, nicht Tomyris; jedoch griechisch Τόμυρις. Peiper, Jahrbücher für Phil. Bd. 107 S. 397.

tanquam und tamquam. Br. 332. 263—265. vgl. Cic. de re p. ed. Osann p. 141 ff. cod. Veron. Livii tanq. IV 15, 2. tamq. III 21, 5. IV 58, 10. Horat. ed. Keller-Holder II p. 464. tanq. C. I. L. V 5050, 34. 37.

tanto opere und tantopere. Wie magno opere.

tantundem, nicht tantumdem. Br. 265. Horat. serm. II 4, 91 Holder; vgl. jedoch denselben zu serm. I 1, 52. 56. 3, 115. II 3, 237.

Tarracina, nicht Terracina. Sallust. Cat. 46, 3. Cic. de or. II 59, 240 Ellendt. vgl. Ritschl opusc. II 540.

tegmen u. tegimen; letzteres im nom. u. acc. sing. Quint. IX 4, 4. Tac. ann. II 21. Über tegimen, tegumen vgl. Ribbeck prol. in Verg. p. 451.

temno, nicht tempno, perf. tempsi. Br. 248. Ribbeck prol. in Verg. p. 441. Horat. serm. I 1, 116. II 2, 38 Holder.

temperi (zeitig) comparat. temperius, nicht tempori, temporius.

Ritschl in Suet. vitam Terentii 507—509 (opusc. II 257).

tentare und temptare. Br. 249. Cic. de or. I 21, 97 Ellendt. Verrin. II 2, 24 § 59 tempt. cod. Vat. de re p. II 12, 23 ed. Osann p. 178. Sallust. ed. Dietsch II p. 378. Liv. V 24, 2 cod. Veron. Ribbeck, prol. in Verg. p. 441. Horat. ed. Keller-Holder I p. 293. II p. 464.

Teresias und Tiresias, Τειρεσίας. Hor. serm. II 5, 1 Holder, welcher Ter. schreibt. oben § 5 n. 2.

tergeo (tergo), tersi, tersum, nicht tertum Br. 276.

tesqua, nicht tesca. Horat. ep. I 14, 19 Keller.

teter, s. taeter.

Thalia, besser als Thalea. Thalea bis in die augusteische Zeit; im ersten Jahrh. n. Chr. tritt i ein. vgl. oben § 5 n. 2.

thesaurus, nicht thensaurus. thensaurus ist altertümlicher. Br. 266. vgl. Sallust. Iug. 10, 4. 37, 4. 75, 1 Dietsch (thens.). — Ribbeck prol. in Verg. p. 434. Horat. carm. III 24, 2 Keller. serm. II 6, 11 Holder.

Thrax und Thraex. Fl. 30. Ribbeck prol. in Verg. p. 387. Ebenso Thraca, Thraeca, Thracius, Thraecius; Thraessa Horat. carm. III 9, 9 Keller.

thus, s. tus.

Thyias, nicht Thyas. Verg. Aen. IV 302 Ribbeck (prol. p. 428). Horat. carm. II 19, 9. III 15, 10 Keller.

— 64 —

thynnus (θύννος), nichtthunnus. Horat. serm. II 5, 44 Holder.
tinea, nicht tinia.
  Br. 133. vgl. Horat. ep. I 20, 12 Keller.
tingo, nicht tinguo.
  Br. 129. vgl. Ribbeck prol. in Verg. p. 448. Horat. carm. II 14, 27. III 23, 13. IV 12, 23 Keller, welcher tinguere schreibt.
tisanarium, nicht ptisanarium bei Horat. serm. II 3, 155 Holder. Jahrb. f. Phil. 93 S. 244.
tolerabilis, nicht tulerabilis; tolero, nicht tulero.
  Br. 83.
Tolomaeus, s. Ptolomaeus.
Tomyris, s. Tamyris.
tondeo, totondi, tonsum, nicht tosum.
  Br. 268.
torpedo, nicht turpido.
  Br. 83. 145. vgl. Osann zu Cic. de re p. I 2, 2 (p. 10).
totiens, besser als toties.
  Br. 269; oben § 17 II. vgl. Cic. de or. II 30, 130. 32, 137 Ellendt. Cic. divin. in Caec. 14, 45 Zumpt. Sallust. Iug. 106, 3 Dietsch. Liv. III 67, 5 totiens, cod. Veron. Ribbeck prol. in Verg. p. 434. Horat. carm. saec. 23. serm. II 3, 194. 7, 70. ep. 1 1, 6 Keller-Holder.
trabs, nicht traps.
  Br. 243—246; oben § 15 n. 1.
traiectus, nicht transiectus.
  cod. Veron. Livii IV 34, 7.
tralaticius, nicht tralatitius § 6 I.
transicio und traicio, besser als traiicio.
  Oben § 20 I n. 11. II. Liv. XXI 47 extr.
transmitto und tramitto.
  Oben § 20 I n. 11. tramitto Cic. de re p. I 3, 6.
transnare und tranare.
  Oben § 20 I n. 11. Horat. serm. II 1, 8 Holder. Liv. IV 33, 11 cod. Veron.
transversus, nicht transvorsus. Wie versus. Die ältere Form

transvorsus bei Horat. ars 447 Keller.
Trasumēnnus, Tarsumēnnus und Trasimēnnus sind besser beglaubigte Formen, als Trasumenus, Trasimenus.
  Ritschl im Rhein. Mus. XXII 603—605 (opusc. II 528. 540). Trasumenus schreibt Halm Nepos Hannibal 4, 3.
trēceni, nicht triceni = je 300.
  Br. 214. Mon. Anc. III 7. vgl. Horat. carm. II 14, 5 Keller.
tres, Accusativ tres und tris.
  Oben § 15 n. 7; vgl. z. B. cod. Veron. Livii IV 54, 4. 8. 55, 3. Auch der Nominativ findet sich mit i geschrieben ib. 56, 2. vgl. 59, 2.
Treveri ist die echte Form des Volksnamens; daneben entstand im römischen Munde, befördert durch den Anklang an vir, die Form Treviri; sing. Trevir, adiect. Trevericus.
  Die ursprüngliche Form Trever. ist bestätigt durch Handschriften und Inschrift C. I. L. III 5215; Trevir. durch den Witz Ciceros ad fam. VII 13.
tribunicius, nicht tribunitius.
  Br. 218; oben § 6 I.
triceni = je 30; vgl. trēceni.
tricesimus und trigesimus; nicht -ensimus.
  Neue, Lat. Formenl. II 163; vgl. vicesimus.
trimestris, nicht trimenstris.
  -ens. im Bauernkalender. C. I. L. I p. 358. vgl. semestris.
tripartitus und tripertitus.
  Z. B. Liv. XXIII 15 Alschefski.
triumpho,
triumphus, nicht triumpo, triumpus.
  Br. 282. 287. Beispiele bei Horat. ed. Keller-Holder I p. 295. cod. Veron. Livii III 63, 8. 9. 11 u. s. f.
tropaeum und trophaeum.
  Fleckeisen Jahrb. f. Phil. 101 S. 458 f. tropaea Horat. carm. II 9, 19 cod. Paris. A 1 Bern. (Keller).

tropea *cod. Paris.* φ. ψ. π. trophea *cett. A 2* vgl. Tacit. ann. XV
18, 1; tropea *Med.* C. I. L. VI 1196.
tundo, tutudi, tunsum u. tusum.
Br. 268. Ribbeck prol. in Verg.
p. 435; über tussus vgl. daselbst
p. 445.
turma, nicht torma.
Br. 85. z. B. Horat. ep. II 1,
190 Keller.
tus, besser als thus.

Br. 293. vgl. Ribbeck prol. in
Verg. p. 122. 421. Horat. carm. I 19,
14 u. a. serm. I 5, 99. ep. I 14, 23.
II 1, 269 Holder, Keller. Henzen
Scavi p. 37 ff. thus steht auf der
Wachstafel C. I. L. III p. 953.
tutela, nicht tutella.
Br. 259. Cic. de or. I 39, 180
Ellendt; vgl. II 46, 193. Horat. serm.
II 3, 218. ep. I 1, 103. carm. II 17,
23 u. a. Holder, Keller.

V = u, v.

Über die Zeichen V U *u, v* siehe
oben § 2.
vacatio („Freisein"),nicht vocatio.
Br. 71 f. vgl. Ribbeck prol. in
Verg. p. 451. z. B. Cic. de deor. n.
I 20, 53 p. 383 *ed. Tur.*
vacuus, nicht vocuus.
Br. 71. 319 f. vgl. Horat. ed.
Keller-Holder I. p. 296. II p. 468.
valetudo, nicht valitudo.
Horat. serm. II 2, 88. ep. I 4,
10 Holder, Keller. Mon. Anc. II 19.
Valetudo dea C. I. L. I 472.
vapor, nicht vapos; oben § 15
n. 2.
vates, nicht vatis im nom. sing.
Br. 147 ff. oben § 15 n. 3.
vatillum, nicht batillum.
Horat. serm. I 5, 36 Holder.
ubicumque, besser als ubicunque.
Z. B. Horat. serm. I 2, 62. ep.
I 3, 34 Holder, Keller u. oft.
vehemens, besser als vemens,
nicht veemens.
Br. 285 f. vgl. 283. *cod. Veron.*
Livii III 21, 3 u. s. f. vgl. 19, 4.
Zu veemens vgl. Horat. ep. II 2,
28. 120 Keller.
vehes, oben § 15 n. 3.
Vei, Veiorum, Veis, besser als
Veii, Veiis.
Oben § 14 n. 3. Veis *cod. Ve-
ron.* Livii V 4, 10. 46, 4. VI 4, 5.
vgl. bei s V 4, 1. 52, 10. Veiis ib.
V 5, 10.
velut, nicht velud.
Z. B. *cod. Veron.* Livii III 34, 7.

V 28, 3 u. a. Horat. serm. I 6, 66.
II 1, 30 Holder.
venalicius, venalis, nicht vaen.
venum do und venundo.
Z. B. Sallust. Iug. 91, 7. vgl.
oben § 9 II.
venum eo, veneo, nicht vaen.
Z. B. Sallust. Iug. 28, 1 u. oft.
C. I. L. I p. 598.
Vergiliae, nicht Virgiliae, wie
Vergilius.
Fast. Venus. Mai 7. C. I. L. I
p. 301.
Vergilius ist der Name des Dichters, und so ist in lateinischen
Schriftstücken zu schreiben.
Ritschl opusc. II 779 ff.
Verginius, nicht Virginius.
Ritschl opusc. II 780. z. B. Liv.
III 11, 12 u. f. *cod. Veron.*
verres, oben § 15 n. 3.
verrucosus, nicht verrucossus.
Br. 268.
versus (versum), nicht das ältere
vorsus.
Br. 101 ff. vgl. verto. vorsus,
vorsum bei Sallust. Participium
versis im *cod. Veron.* Livii III 43,
6. u. a. — C. I. L. I p. 598.
vertex, nicht das ältere vortex.
Br. 101 f. vgl. Ribbeck prol. in
Verg. p. 436 f. Horat. serm. I 8, 6.
ep. II 2, 4 Holder, Keller (und vol.
I p. 297). vgl. verto.
verto, nicht vorto, wie versus.
vorto hat Sallust.
Osann zu Cic. de re publica p.

442. Beispiele aus Horatius siehe bei Holder, Keller I p. 297. II p. 470. *cod. Veron.* Livii III 58, 8 u. a. **vespere** und **vesperi.** Cic. ad Att. XI 12, 1. VII 4, 2. Diese und andere Beispiele bei *Neue,* Lat. Formenlehre II 672.

vester, nicht das ältere voster. *Br.* 101 ff. So auch die Schriftsteller der augusteischen Zeit. voster bei Sallust.

veto, are, nicht das ältere und plebejische votare. Vgl. Horat. serm. I 10, 56 Holder.

Veturia und **Voturia.** *Br.* 101. vgl. Veturius z. B. *cod. Veron.* Livii III 8, 2. C. I. L. I p. 598.

vicesimus, üblicher als vigesimus; nicht vicensimus. Oben § 9 III. vicensimum *cod. Veron.* Livii V 4, 12. vgl. C. I. L. I p. 598. *Neue,* Lat. Formenl. II 163. victima, nicht das ältere victuma. Vgl. Fast. Praen. Ian. 17. C. I. L. I p. 312. Henzen Scavi p. 5. 37.

vilicus, nicht villicus; aber villa. Sallust. Iug. 85, 39. Cic. de re p. I 38, 39. V 3, 5 Osann (p. 122). vgl. Mai zu Cic. pro Tullio 7 (class. auct. II 338). Horat. ep. I 14, 1. 15. II 2, 160 Keller. C. I. L. I 1305. vinculum und vinclum. Ellendt zu Cic. de or. I 45, 194. Osann zu Cic. de re p. I 3, 5.

vinea, besser als vinia. *Br.* 133—135. 321. C. I. L. VI 933. vinea *cod. Veron.* Livii V 5, 6. 7, 2 u. a. vgl. die Bauernkalender C. I. L. I p. 358. *Febr. 11. Mart. 11. Dec. 12.*

vinolentus und vielleicht besser **vinulentus.** Ebenso vinolentia und vinulentia. Wie sanguinolentus; vgl. formidulosus.

virectum, nicht viretum. Verg. Aen. VI 638 Ribbeck.

Virgiliae, Virgilius, s. Vergiliae Vergilius.

Virginius, s. Verginius.

vivo, vivunt, nicht vivont; oben § 4. 19 I.

ulcus, nicht hulcus. Z. B. Verg. ge. III 454. Die aspirierte Form wurde nach der Analogie von ἕλκος gebildet (*Forcellini s. v.*).

Vlixes, nicht Vlysses. *Br.* 79. vgl. Horat. ed. Keller-Holder vol. I p. 299. II p. 472. Cic. de leg. I 1, 2 Vahlen. Cornificius I 11, 18 Kayser u. oft.

umbilicius, nicht imbilicius. *Br.* 123.

umerus, nicht humerus. *Fl.* 31. vgl. Ribbeck prol. in Verg. p. 421. Horat. serm. I 5, 90 Holder u. a. (vol. I p. 299. II p. 472).

umidus, nicht humidus. Ribbeck prol. in Verg. p. 421. Horat. epod. 12, 10 Keller. Corssen Ausspr. I² 545.

umor, nicht humor. Verg. ge. I 43 u. a. Horat. carm. I 12, 29. 13, 6 Keller. vgl. umidus.

unguen,

unguentum,

unguis, nicht ungen, ungentum, ungis. *Br.* 128 f. p. X. vgl. z. B. Horat. serm. II 3, 228 Holder. ars 375 Keller (und vol. I p. 299). C. I. L. I p. 599. Henzen Scavi p. 70.

unguo, unxi und **ungo.** *Br.* 127—129. vgl. Ribbeck prol. in Verg. p. 448. Horat. ed. Keller-Holder II p. 473.

universus, wie adversus.

unquam und **umquam** (wie nunquam). Vgl. Cic. de or. I 4, 13 Ellendt. Cic. de re p. ed. Osann p. 141. umquam im *cod. Vat.* Verrin. und *cod. Veron.* Livii öfter, neben unquam Liv. III 12, 3. Ribbeck prol. in Verg. p. 431. Horat. ed. Keller-Holder I p. 299. II p. 473.

vocuus, s. vacuus.

volaemus, a, um (volaema pira), und volemus. Wie caepe. Verg. ge. II 88 Ribbeck. Philol. Anzeiger IV 367.

Volcanus, nicht Vulcanus.

— 67 —

Br. 320. Horat. c. I 4, 8. III
4, 59 Keller. vgl. Fast. Vall. Pinc.
Aug. 23. Venus. Mai 23, C. I. L. I
p. 298 ff. Henzen Scavi p. 87.
volgus, s. vulgus.
volnus, s. vulnus.
volo, vult, vultis.
   Nach § 4. 19. z. B. vultis cod.
Veron. Livii III 21, 4. 67, 7.
volpes, s. vulpes.
Volsci, Volscus, besser als
Vulsci.
   cod. Veron. Livii vorwiegend
Volsc., jedoch Vulsc. III 57, 8.
67, 11. vgl. Sallust. hist. III 37 (II
p. 72 Dietsch). Br. 320. Ebenso
Volsiniensis, nichtVulsiniensis.
Voltumna, besser als Vultumna.
   cod. Veron. Livii IV 23, 5. VI 2, 2.
voltur, s. vultur.
Volturnus, besser als Vulturnus.
   Volturnus war die Form der
ersten Kaiserzeit; vgl. fast. Pinc.
Pigh. Vall.Aug. 27. C. I. L. I p. 298 ff.
voltus, s. vultus.
voluntas, nicht volumtas.
   Über volumtas siehe Mai zu
Cic. Verrin. II 1, 47 § 124 = class.
auct. II p. 398.
vorsus, s. versus.
vortex, s. vertex.
vorto, s. verto.
Vortumnus, besser alsVertumnus.
   Vortumnus war die Form der
ersten Kaiserzeit. vgl. Horat. serm.
II 7, 14. ep. I 20, 1 Holder, Keller.
fast. Vall. Amit. Aug. 13, C. I. L.
I p. 320 ff.
voster, s. vester.
Voturia, s. Veturia.
upilio, s. opilio.
urbs, nicht urps.

Br. 242—246; oben § 15 n. 1.
vgl. Osann zu Cic. de re p. II 5,
10 (p. 164. vgl. 241). urbs z. B.
cod. Veron. Livii III 68, 3.
urgeo, nicht urgueo.
   Br. 127—129. urgueo findet
sich in alten Handschriften (vgl.
Mai zum comment. in Cic. pro Mil.
= class. auct. II p. 101) neben
urgeo (Ribbeck prol. in Verg. p.
448. cod. Veron. Livii V 4, 10; dagegen IV 33, 10). vgl. Horat. ed.
Keller-Holder z. B. serm. II 3, 30
(andere Beispiele daselbst vol. II.
p. 474).
utcumque, besser als utcunque.
   Wie ubicumque.
utrimque, nicht utrinque.
   cod. Veron. Livii IV 26, 3. 12.
27, 4. Horat. serm. I 9, 77. ep. I
18, 9 Holder, Keller. vgl. Ritschl
opusc. II 457.
utrobique, nicht utrubique.
   utrubique Cic. de re p. III
35, 48. vgl. Horat. ep. I 6, 10 Keller.
utrumque, nicht utrunque.
   Br. 265. vgl. Horat. ed. Keller-
Holder I p. 300. II p. 474.
uvidus, nicht huvidus.
   Ribbeck prol. in Verg. p. 421.
Vulcanus, s. Volcanus.
vulgus, nicht volgus.
   Br.88—100; oben § 4. volgus
noch bei Cicero z. B. de re p. I 5, 9.
vulnus, nicht volnus (wie vulgus).
   Z. B. cod. Veron. Livii III 58, 13.
vulpes, nicht volpes, wie vulgus;
   vgl. oben § 15 n. 3.
Vulsci, s. Volsci.
Vultumna, s. Voltumna.
vultur, nicht voltur, wie vulgus.
Vulturnus, s. Volturnus.
vultus, nicht voltus, wie vulgus.

Y.

Yacinthus, Yllus, ymenaeus, Ymettus, ymnus, Ypnos, s. Hy.

Z.

Zmyrna, besser als Smyrna.
   Cic. de re p. I 8, 13 (Zm. 1. manu; Sm. 2. m.) Osann zu p. 34 (vgl.
Creuzer p. 40). Horat. ep. I 11, 3 Keller. Halm zu Velleius, Rhein. Mus.
XXX 539.

www.ingramcontent.com/pod-product-compliance
Lightning Source LLC
Chambersburg PA
CBHW021511090426
42739CB00007B/555